Sammlung Göschen

Römische Rechtsgeschichte

Von

Dr. Robert von Mayr
Prof. an der Deutschen Universität Prag

II. Buch

Die Zeit des Amts- und Verkehrsrechtes

2. Hälfte: Das Privatrecht I
Personen und Sachen

Berlin und Leipzig
G. J. Göschen'sche Verlagshandlung G. m. b. H.
1913

Druck
der Spamerschen
Buchdruckerei zu Leipzig

Inhalt.

Zweites Buch.

Die Zeit des Amts- und Verkehrsrechtes

(von der Schaffung der Prätur bis zur Regierung Hadrians).

2. Hälfte: Das Privatrecht.

1. Abteilung: Personen und Sachen.

Erstes Kapitel: Die Personen.

Das der antiken Rechtsordnung allenthalben eigentümliche Personalitätsprinzip schied auch die Bevölkerung des römischen Reiches von jeher nicht bloß aus öffentlichrechtlichen Gesichtspunkten, sondern ebenso vom Standpunkte des Privatrechts in „Genossen" und „Ungenossen", in Bürger (cives) und Fremde (peregrini). Eine gewisse Mittelstellung nahmen von alters her die Latiner ein. Sie waren bevorzugte Fremde, die als Rechts- und Bundesgenossen auch in Rom commercium und conubium besaßen. Die natürliche, angeborene Latinität verschwand jedoch, seitdem infolge des Bundesgenossenkrieges alle latinischen und bald darauf auch die übrigen italischen Gemeinden das römische Bürgerrecht erhielten. Seitdem gab es nur mehr eine künstliche, gemachte Latinität der Latini coloniarii, der freien Angehörigen einer mit ius Latii gegründeten Kolonie oder eines mit ius Latii bewidmeten Landes (z. B. Spaniens durch Verleihung Vespasians), seit Hadrian anscheinend neben dem Latium minus, kraft dessen die Beamten, auch ein Latium maius, kraft dessen schon die Dekurionen (Gemeinderäte) solcher „Latinerstädte" römisches Bürgerrecht erlangten. Die Latini Iuniani, eine Art von Freigelassenen, waren, wie bereits bemerkt, von jeher Latiner nur dem Namen nach. Sie hatten die Rechtsstellung römischer Halbbürger, Halbfreier.

Doch auch die Rechtlosigkeit der Fremden hatte sich praktisch infolge der steigenden Kultur vermutlich schon längst verloren. Immer mehr und mehr setzten sich, wenigstens auf dem Gebiete des Vermögensrechts, gleiche Rechtsnormen auch für Römer und Fremde durch.

Unbeschränkte Rechtsfähigkeit genoß allerdings nach wie vor nur der römische Bürger. Auch für Erwerb und Verlust dieses Bürgerrechts galten jetzt dieselben Grundsätze wie ehedem. Hinzuzufügen ist nur, daß eine lex Minicia unbekannten Datums das Kind einer Römerin, die mit einem Fremden in einer nicht durch conubium sanktionierten Ehe lebte, dem niedereren Stande des Vaters folgen ließ, und daß für die Beurteilung des Bürgerrechts eines Kindes allmählich der Zeitpunkt der Empfängnis entscheidend wurde, während in favorem libertatis das Kind einer Sklavin als frei geboren galt, wenn die Mutter auch nur in irgendeinem Augenblick der Schwangerschaft frei gewesen war. Das postliminium in pace, der Wiedereintritt in den Vollgenuß des durch Exil suspendierten Bürgerrechts, verlor durch die Entwicklung Roms zum Weltreiche seine praktische Bedeutung. Darum schweigen die Rechtsbücher über seine privatrechtlichen Wirkungen. Das postliminium in bello, das Wiederaufleben des durch Kriegsgefangenschaft suspendierten Bürgerrechts infolge Rückkehr des Kriegsgefangenen intra praesidia Romana oder ad amicos populi Romani, während des Krieges oder nach Maßgabe der Friedensbedingungen, fand für die schwierige Frage der Beerbung des captivus entsprechende Regelung durch eine lex Cornelia (Sullas?), die den in Kriegsgefangenschaft Verstorbenen so beerben ließ, wie wenn er in civitate gestorben wäre. Gewohnheitsmäßige Auslegung deutete das später so, daß er als schon im Augenblick des Freiheitsverlustes gestorben anzusehen sei und daß dieser Grundsatz nicht bloß für Erbschaft und Vormundschaft, sondern auch für alle anderen Rechtsbeziehungen des in Kriegsgefangenschaft Verstorbenen gelten solle. Das ius postliminii fand übrigens nicht bloß auf Personen, sondern auch auf bewegliche und unbewegliche Sachen Anwendung, die in Feindeshand geraten waren.

Den Vollgenuß der Rechtsfähigkeit besaß nur der römische pater familias. Der Familienverband, der seine Stellung begründete, hat jedoch im Laufe der Zeit durchgreifende Änderungen erfahren. Die Lockerung der gens, der Sippe, die in der Aufhebung der tutela gentilium schon zu Beginn der Kaiserzeit und in dem allmählichen Verschwinden des Erbrechts der Gentilgenossen ihren sichtbarsten Ausdruck fand, ergriff auch den Agnatenverband, die Gemeinschaft derer, die, durch die patria potestas des Familienhauptes zusammengehalten, die Grade ihrer Verwandtschaft, gleichgültig, ob sie einer vom anderen (Aszendent und Deszendent) oder von einem gemeinsamen Dritten abstammten, in gerader oder in der Seitenlinie, vollbürtig, durch ein gemeinsames Elternpaar (germani), oder halbbürtig durch den Vater (consanguinei) oder durch die Mutter (uterini) miteinander verwandt waren, nach der Zahl der Zeugungen bestimmten, die sie miteinander verbanden. In dem Familiengewaltverhältnis wurzelnd, so daß sie einerseits zwischen Blutsverwandten (Mutter und Kind!) fehlen konnte, wenn die gemeinsame patria potestas mangelte, andererseits auch ohne Blutsverwandtschaft (Adoption, Frau in manu) bestehen konnte, wenn das gemeinsame Gewaltverhältnis ein Band um die Beteiligten schlang, mußte die Agnation, die bürgerliche Verwandtschaft, an Bedeutung verlieren, seitdem die Manusehe immer mehr in den Hintergrund trat, die Lösung der Gewaltverhältnisse schon bei Lebzeiten des Gewalthabers immer häufiger wurde. In demselben Maße gewann unter dem Einflusse des prätorischen und Kaiserrechts die natürliche Verwandtschaft, die Blutsverwandtschaft, die Kognation an Bedeutung, so daß schließlich umgekehrt, um namentlich auch der künstlichen Verwandtschaft (Adoption u. a. m.) die Verwandtenrechte zu sichern, der Agnation die Kraft verliehen werden mußte, Kognatenrechte zu erzeugen: qui est adgnatus, et cognatus est.

Begründet wurde die Familie durch die Ehe. Der Ehe ging das Verlöbnis (sponsalia) voraus, das ursprünglich von den Gewalthabern der beiden künftigen Ehegatten, von den Vätern oder Vormündern, von den letztern wohl schon in republikanischer Zeit unter staatlicher Kontrolle, später von den Verlobten selbst mit Zustimmung ihrer Gewalthaber, anfänglich durch Verbalkontrakt (sponsio), dann auch bloß formlos geschlossen wurde. Nach altem, doch wohl nicht nur latinischem, sondern auch römischem Recht einen Anspruch auf Erfüllung (dare sponsam), einen Schadenersatzanspruch wegen Nichterfüllung begründend, konnte es später ohne weiteres aufgelöst werden, zog nur die Wiederverlobung bei noch bestehendem Verlöbnis eine gewisse Ehrenminderung, namentlich die Unfähigkeit nach sich, für andere vor Gericht zu postulieren. Die Freiheit, das Verlöbnis willkürlich zu lösen, ging anscheinend mit der Lösbarkeit der Ehe Hand in Hand. Aus diesem Gesichtspunkt erklärt sich vielleicht die widerspruchsvolle Überlieferung des älteren Verlöbnisrechts in der Weise, daß das Verlöbnis ursprünglich, durch wechselseitige Stipulation begründet, überhaupt unlösbar, später, durch einseitige Stipulation der Frauenseite geschaffen, nur vom Manne gelöst und schließlich, formlos geschlossen, beiderseits rückgängig gemacht werden konnte.

Die Formen der Eheschließung waren auch in klassischer Zeit coemptio und confarreatio, deren Nichtigkeit wegen Formmangels durch usus, durch einjährigen ungestörten Bestand der Scheinehe geheilt werden konnte. Mochte aber die Ususehe nur als Heilmittel der fehlerhaften Formalehe ausgebildet oder vielleicht eher als älteste Form der bürgerlichen Ehe aus der Raubehe erwachsen sein, jedenfalls lag in ihr schon der Keim der formlosen Eheschließung, insofern der „Usukapionsbesitz" der Frau das ihm zugrunde liegende Verhältnis schon vor Ablauf der Frist nicht als bloß tatsächliches, außereheliches, sondern als ein von der Rechtsordnung anerkanntes, mit Rechtswirkungen ausgestattetes Eheverhältnis erscheinen ließ. Ihren rechtlichen Ausdruck fand diese Auffassung im trinoctium, das als Unterbrechung (usurpatio) der Ersitzung nicht das Zustandekommen der Ehe, sondern bloß die Entstehung der eheherrlichen Gewalt (manus) hinderte.

Die formlose Ehe wurde in keinerlei sichtbarer Form geschlossen. Sie setzte kein Verlöbnis voraus. Sie verlangte keine schriftliche Abmachung (instrumentum dotale) über den Güterstand der Ehegatten. Sie war unabhängig von der geschlechtlichen Vereinigung. Sie kam durch bloße Willensübereinstimmung (consensus nuptialis im Gegensatze zum consensus sponsalicius) zustande: nuptias . . . consensus facit, doch nicht durch einfache übereinstimmende Willenserklärung, sondern durch „Realkonsens", durch Begründung der Lebensgemeinschaft, durch Einzug der Frau in das Haus des Mannes (deductio in domum): vir absens uxorem ducere potest, femina absens nubere non potest. Vom Konkubinat, den die lex Iulia de adulteriis wenigstens vom verbotenen Geschlechtsverkehr ausnahm, der aber der Konkubine weder Rang und Stand des Mannes noch den Titel uxor gewährte, die Kinder (vulgo concepti, quaesiti) nicht der patria potestas des

Vaters unterwarf, unterschied sie der affectus maritalis, der aus den begleitenden Umständen (Standesunterschied, Verlöbnis, instrumentum dotale u. a. m.) erschlossen werden mußte.

Auch die formlose Ehe war matrimonium iustum, zivilgültige Ehe. Nur unterwarf sie die Frau nicht der Gewalt (manus) des Mannes. Die Frau blieb in ihrer Agnatenfamilie. Sie stand außerhalb des Hauses und Geschlechts ihres Mannes. Sie war nur uxor, nicht mater familias. Die Kinder aus solcher Ehe folgten jedoch dem Vater, patris condicionem sequuntur.

Stand demnach die formlose Ehe der Formalehe wesentlich gleich, so war es nur natürlich, daß sie diese allmählich verdrängte. Dieses Schicksal ereilte zuerst die Ususehe, die zwar Cicero noch bekannt ist, die aber für Gajus bereits der Vergangenheit angehört. Die confarreatio bildete bereits in der ersten Kaiserzeit eine seltene Ausnahme. Schon unter der Regierung des Tiberius kostete es Mühe, drei aus solcher Ehe stammende Patrizier zu finden, um aus ihrer Mitte einen flamen Dialis zu wählen. Immerhin erhielt sie sich in geistlichen Kreisen, allerdings mit Beschränkung ihrer Wirkungen auf das Sakralrecht, bis zum Sturze des Heidentums. Die längste und ausgebreitetste Herrschaft behauptete die coemptio. Sie diente anscheinend noch zur Zeit des Gajus und vielleicht noch später zur Begründung der Manusehe. Außerdem fand sie Verwendung als „Scheingeschäft", interimendorum sacrorum causa, indem eine Frau sui iuris mit einem Greise die coemptio schloß, um ihm ihre Kultverpflichtung (sacra) aufzubürden, entweder in der Hoffnung, seiner bald wieder auf natürlichem Wege ledig zu werden, oder vielleicht fiduziarisch gegen die Verpflichtung, sie alsbald wieder aus der manus zu entlassen; testamenti faciendi gratia, um der von Hadrian dann ohnedies beseitigten Norm zu entgehen, daß eine in ihrer Familie verbliebene Frau nicht testieren könne, und tutelae evitandae causa, um den Geschlechtsvormund zu wechseln, indem sich die Frau fiduziarisch in die manus begab.

Ob formell oder formlos geschlossen, jedenfalls setzte das iustum matrimonium Ehefähigkeit (conubium) beider Ehegatten voraus. In dieser Hinsicht ist der Gegensatz zwischen Römern und Fremden niemals gemildert worden, das römische Eherecht stets nur für zivile Ehen wirksam gewesen, ein matrimonium iuris gentium niemals anerkannt, die Mischehe nur negativ als non iustae nuptiae bezeichnet, die Möglichkeit internationaler Ehe- und Verwandtschaftsverhältnisse niemals theoretisch formuliert, bloß faktisch geduldet worden. Das ius conubii, die Fähigkeit, eine römische, eine zivilrechtlich gültige Ehe einzugehen, fehlte daher Sklaven, Fremden, soweit ihnen das conubium nicht ausdrücklich zugesichert war, aus politischen Gründen aktiven Soldaten seit Beginn der Kaiserzeit kraft kaiserlicher Mandate, ferner bis zur Ehegesetzgebung des Augustus im Verhältnisse zwischen Freigeborenen und Freigelassenen, seitdem zwischen Personen senatorischen Standes und Frauen, deren Sitten oder Gewerbe anstößig waren; endlich wie bisher Geschlechtsunreifen und zwischen Verwandten in gerader Linie, zwischen Seitenverwandten schon sehr bald nur noch höchstens zwischen Geschwisterkindern, in der Kaiserzeit bloß mehr zwischen solchen, von denen wenigstens ein Teil nur einen Grad vom gemeinsamen Stammvater entfernt war (Geschwister, Oheim und Nichte usw.), zwischen Verschwägerten (adfines), zwischen dem einen Ehegatten und den Verwandten des anderen, bloß in der geraden Linie. Kraft besonderer Vorschriften bestanden relative Ehehindernisse auch zwischen Ehebrechern, zwischen Vormund und Mündel, sowie für den Statthalter gegenüber den Frauen seiner Provinz.

Der für jede Ehe erforderliche Konsens, der in alter Zeit von den beiderseitigen Gewalthabern allein ausging, mußte in historischer Zeit durch die beiden künftigen Ehegatten (und deren Gewalthaber) geschehen. Gegen die Verweigerung der Zustimmung des Gewalthabers stand (vielleicht nur der Tochter) seit einer lex Iulia (736 a. u. c.) Beschwerde an die Obrigkeit zu.

Die formlose Eheschließung setzte der formlosen Lösung der Ehe keine Schwierigkeit entgegen. Daher mag wohl die Ehescheidung von hier ihren Ausgang genommen haben. War auch die zivile Ehe vermutlich niemals dogmatisch unauflöslich, so war doch der natürliche oder bürgerliche Tod (durch Kriegsgefangenschaft oder capitis deminutio) ursprünglich anscheinend der einzige ordentliche Endigungsgrund der Ehe. Die diffarreatio der konfarreirten Ehe gehörte sicher erst späterer Zeit an. Dafür spricht die Unauflösbarkeit der Ehe des flamen Dialis noch in historischer Zeit. Die remancipatio der durch coemptio geehelichten Frau war erst eine Nachbildung der emancipatio. Die freie, vereinbarte oder einseitige Ehescheidung (divortium) durch eine seit der lex Iulia de adulteriis an bestimmte Formen geknüpfte Erklärung (repudium) konnte sich nur im Rahmen der freien Ehe entwickeln, scheint aber allerdings schon im dritten vorchristlichen Jahrhunderte selbst der Frau in manu das Recht gegeben zu haben, die Aufhebung der manus zu verlangen.

Wie sehr einerseits die Scheidungen seitdem überhand nahmen, andererseits die Lockerung der Sitten die Ehe und den Kindersegen untergruben, beweisen die verschiedenen Versuche, diesen Übelständen zu steuern. Teils aus Pietätsrücksichten (tempus lugendi), teils zur Sicherstellung der Vaterschaft (turbatio sanguinis) verbot schon eine alte Vorschrift der Frau, sich vor Ablauf von zehn Monaten seit dem Tode des Mannes wieder zu verehelichen. Auch die julisch-papischen Gesetze setzten solche Fristen fest. Andererseits belohnte schon

Augustus (lex Iulia de maritandis ordinibus, 4 p. Ch. n.; lex Papia Poppaea, 9 p. Ch. n.) die Eheschließung und Kinderzeugung (ius liberorum), bedrohte er die Ehelosen (caelibes) und Kinderlosen (orbi) mit erbrechtlichen Nachteilen (incapacitas).

Die freie Ehe bedeutete aber vor allem eine Umwälzung der vermögensrechtlichen Verhältnisse zwischen Mann und Frau. War die erbrechtliche Abfindung der Frau durch ihre Familie anläßlich ihres Eintrittes in die manus und Familie des Mannes in Gestalt der dos wohl schon von alters her üblich, so erwies sich die Dotierung der Frau doch erst in der freien Ehe als Notwendigkeit. Die freie Ehe ließ zunächst die vermögensrechtliche Stellung der Frau unberührt. Ihre Erwerbs- und Verpflichtungsfähigkeit kamen ihr oder ihrem bisherigen Gewalthaber zugute. Der Mann hatte keinerlei Gewalt über das Frauengut (bona paraphernalia). Er war nur auf Wunsch der Frau zur Verwaltung dieses Vermögens verpflichtet. Es bestand Gütertrennung, auf Wunsch der Frau „Verwaltungsgemeinschaft", nicht, wie bei der Manusehe, Gütereinheit, noch auch Gütergemeinschaft. Angeblich kraft eines bald nach der lex Cincia (550 a. u. c.) ausgebildeten Gewohnheitsrechts, wahrscheinlich aber erst kraft eines von Augustus in Zusammenhang mit seiner Kaduzitätsgesetzgebung erlassenen Gesetzes waren Schenkungen unter Ehegatten, mit Ausnahme solcher von Todes wegen oder divortii causa, also für den Fall der Auflösung der Ehe, für nichtig erklärt. Auch galt, was in der Ehe erworben war, im Zweifel als vom Mann erworben (praesumptio Muciana). Die Frau erlangte durch die Ehe nur das Recht auf Unterhalt. Aus Pietätsrücksichten griff ferner an Stelle der Diebstahlsklagen zwischen Mann und Frau die actio rerum amotarum ohne Strafcharakter Platz.

Diese Sachlage verlangte eine Sicherstellung der Frau namentlich für die Zeit nach Auflösung der Ehe und — ein vielleicht erst in nachklassischer Zeit zur Geltung gekommener Gesichtspunkt — einen Beitrag der Frau ad matrimonii onera ferenda. Darum die dos. Auch sie war zwar Frauengut (res uxoria). Während der Ehe stand sie jedoch im frei verfügbaren Eigentum des Mannes.

Die dos war zunächst ein moralischer, erst seit der lex Iulia ein rechtlicher Anspruch der Frau gegenüber ihrem Gewalthaber. Der Anspruch der Frau erschöpfte sich jedoch in dem Rechte, die Bestellung einer dos an den Mann zu begehren (dos profecticia; a patre, später vom väterlichen Aszendenten überhaupt profecta dos). Hatte sie ein anderer, die Frau selbst oder ein Dritter bestellt (dos adventicia), so konnte er sich auch die Rückstellung der dos nach Auflösung der Ehe versprechen lassen (dos recepticia).

Die Bestellung der dos konnte geschehen durch unmittelbare Zuwendung des beabsichtigten Vermögensvorteiles (Eigentum, Nießbrauch u. a. m.) an den Mann (dotis datio), durch verbindliches Versprechen in Stipulationsform (dotis promissio) oder seitens des Gewalthabers der Frau, später auch seitens der Frau und schließlich auch seitens des Schuldners der Frau, jedenfalls schon zur Zeit des Plautus, zuerst vielleicht nur im Zusammenhange mit der confarreatio, durch einseitige (formelle und empfangsbedürftige?) Zusage (dotis dictio: centum tibi doti erunt).

Während der Ehe war der Mann zwar allein berechtigter Herr der dos, aber er war in der Regel verpflichtet, die dos nach Auflösung der Ehe an die Frau, an deren Erben oder an den Besteller herauszugeben. Er hatte ein zeitlich beschränktes Recht. Darum entzog ihm die lex Iulia de fundo dotali (18 a. Ch. n.) schon während der Ehe die Befugnis zur Veräußerung und Verpfändung eines italischen fundus dotalis, das Veräußerungsrecht wenigstens ohne, das Verpfändungsrecht (vielleicht nicht ausdrücklich, aber doch als Folge des Interzessionsverbots für Frauen) selbst mit Zustimmung der Frau. Zurückzustellen war nur die Substanz, das Kapital. Die Nutzungen und Zinsen aus der Zeit der Ehe gebührten dem Manne. War nicht bloß Rückstellung des Schätzungswertes vereinbart (dos venditionis causa aestimata), so mußte der Mann nicht vertretbare Sachen in Natur (idem), vertretbare dem Wert und der Menge nach (tantundem) zurückstellen. Für sein Verschulden haftete er ursprünglich jedenfalls nur, wenn es sich als dolus qualifizierte, später auch für culpa; angeblich nur für sogenannte culpa in concreto, für Vernachlässigung der diligentia quam suis rebus adhibere solet, wahrscheinlich aber für culpa überhaupt, in dem bezeichneten beschränkten Umfange höchstens erst nach der Lehre der severischen Juristen, aus dem Gesichtspunkte, daß bei dauernden Verpflichtungsverhältnissen „eine über das Naturell des Schuldners hinausgehende Diligenz kaum verlangt werden kann", vermutlich aber erst nach justinianischem Rechte.

Die rechtliche Verpflichtung des Mannes zur Rückstellung der dos nach Auflösung der Ehe scheint dem republikanischen Rechte noch fremd gewesen zu sein. Sie konnte zwar schon damals bedungen werden. Wenigstens ist die cautio rei uxoriae schon für das sechste Jahrhundert der Stadt bezeugt. Doch dürfte die cautio damals die Gestalt eines vom Prätor durch actio in bonum et aequum concepta geschützten pactum auf eventuelle Einsetzung eines arbiter über die Rückstellungsfrage gehabt haben. Im Zusammenhange mit dem Anwachsen der Ehescheidungen für die freie Ehe aufgekommen, fand es allmählich wohl auch auf die Manusehe Anwendung, wurde es dann ins Zivilrecht rezipiert und hier schließlich in Gestalt der actio (bonae fidei) rei uxoriae auch ohne vorausgegangene Vereinbarung wirksam. Der familienrechtliche Charakter der Klage, im Gegensatze zur reinen Vermögensklage, kam mehrfach zum Ausdrucke. Sie war unvererblich, so daß dem Mann auch jetzt noch die dos verblieb, wenn die Frau vor ihm gestorben war. Nur dem Besteller einer dos profecticia stand sie von selbst zu. Ein anderer Besteller mußte sich die Rückforderung durch Stipulation wahren. Voraussetzung und Umfang der Klage bestimmten sich nach dem sittlichen Verhalten der Ehegatten. Der Mann erhielt eine billige Frist zur Erfüllung seiner Restitutionspflicht. Nur unvertretbare Sachen mußte er sofort, vertretbare in drei Jahresfristen zurückstellen. Die Frist verlor er nur, wenn er an der Auflösung der Ehe schuld war. Er hatte ferner ein Abzugs (Retentions-, Zurückbehaltungs-)-recht propter res donatas, amotas, propter impensas, propter mores graviores ($^1/_6$ der dos), leviores ($^1/_8$ der dos), propter liberos ($^1/_6$ für jedes Kind, doch nicht mehr als $^3/_6$).

Neben die durch Augustus fest geregelte (und vielleicht erst seitdem mit einem privilegium exigendi ausgestattete) actio rei uxoriae trat dann eine actio ex stipulatu, auf Grund einer Stipulation, durch die sich die Frau (sui iuris) die Rückstellung der dos hatte versprechen lassen. Unter der Herrschaft der Manusehe wäre dieser Ausweg ausgeschlossen gewesen, weil die Stipulation gegenüber dem Gewalthaber der Frau dieser kein Recht gewähren konnte und weil die Stipulation gegenüber der Frau sui iuris durch die mit der manus verbundene capitis deminutio hinfällig geworden wäre. Als actio stricti iuris aus einem Vertrage war sie zwar vererblich, entbehrte sie aber der Fristen und Retentionsrechte der actio rei uxoriae.

Als Manusehe oder ohne Manus begründet, jedenfalls erzeugte das iustum matrimonium die väterliche Gewalt (patria potestas) des Mannes über die von der Ehefrau geborenen Kinder.

In mancher Hinsicht erfreute sich das Kind sogar schon vor der Geburt, vor der Trennung von der Mutter (nasciturus) des Schutzes der Rechtsordnung. Die bekannte Parömie freilich, nasciturus pro iam nato habetur, quotiens de commodo eius agitur, hat in ihrem vollen Umfange niemals gegolten. Der Embryo als solcher genoß niemals Personen- oder auch nur Menschenqualität. Beweis dafür die Straflosigkeit der Kindesabtreibung als solcher, die Fürsorge für den Embryo durch einen Kurator, nicht durch einen Tutor. Dagegen wurde er, wenn er nur tempore mortis (des Erblassers) in rerum natura fuit, zur Erbschaft berufen und zur Sicherstellung seiner Ansprüche der Mutter missio in bona ventris nomine gewährt, ein curator ventris nomine bestellt.

Das eheliche Kind unterstand der potestas des Ehemannes, seines Vaters, wenn dieser bereits sui iuris war, der seines Großvaters, wenn der Vater selbst noch alieni iuris war. Jedenfalls teilte das Kind den Stand seines Vaters (im Augenblicke der Konzeption, nicht der Geburt), wurde es Agnat seiner Agnaten, Gentile seiner Gentilen. Die amtliche Feststellung seiner Geburt geschah durch Mitteilung an den Zensor beim Zensus. Die Eintragung in öffentliche Standesregister (Geburtsmatriken) scheint erst durch Mark Aurel zur Reichseinrichtung geworden zu sein. Für Ägypten bestand ein album professionum liberorum natorum jedenfalls schon unter Antoninus Pius. Über die Ehelichkeit des Kindes entschied des Vaters Willkür (liberos tollere, suscipere). Nur verlangte die Sitte einen gerechtfertigten Grund für die Ablehnung der Vaterschaft. Ungerechtfertigte Weigerung zog nota censoria nach sich. Eine Änderung bewirkte erst die Umwandlung des Vaterrechts zur Vaterpflicht. Den ersten entscheidenden Schritt in dieser Richtung bedeutete das S. C. Plancianum aus der Zeit Hadrians, das die geschiedene Frau, die ein Kind erwartete, verpflichtete, den Mann von ihrem Zustande binnen dreißig Tagen seit der Scheidung davon zu verständigen und dadurch, falls er nicht seine Vaterschaft ausdrücklich in Abrede stellte oder durch entsprechende Maßregeln einer Kindesunterschiebung vorbeugte, (extra ordinem durch actio de partu agnoscendo) zur Anerkennung der Vaterschaft zu zwingen. Ein kurz darauf, ebenfalls noch unter Hadrian erflossener Senatsbeschluß gewährte der Frau dasselbe Recht auch bei bestehender Ehe. Zum Gegenbeweise konnte sich der Mann darauf berufen, daß das Kind früher als sechs Monate nach Eingehung, später als zehn Monate nach Auflösung der Ehe geboren war. Sonst war er zur Anerkennung der Vaterschaft genötigt: pater est quem nuptiae demonstrant. Doch scheint weder die eine noch die andere Vermutung (praesumptio) unwiderleglich (iuris et de iure) gewesen zu sein, sondern einen Gegenbeweis zugelassen (praesumptio iuris) zu haben.

Neben der Zeugung in rechter Ehe war Annahme an Kindesstatt, Adoption, der einzige Weg zur Begründung der väterlichen Gewalt. Als Annahme eines homo sui iuris, als Arrogation (adrogatio) bewahrte sie die alte Form der Erklärung in der nach Kurien geordneten Volksversammlung unter Mitwirkung der Pontifizes bis auf Diokletian. Nur wurde der Vorgang immer mehr leere Form, die Mitwirkung der Pontifizes bedeutungslos. Als Annahme eines homo alieni iuris, als Adoption (im engeren Sinn) bewegte sie sich nach wie vor in der Form dreimaliger mancipatio des filius familias, einmaliger mancipatio anderer Gewaltunterworfener mit anschließender in iure cessio des zu Adoptierenden an den künftigen Adoptivvater per oder apud praetorem, vor dem Magistrat, der durch seinen Beispruch (addictio) die staatliche Anerkennung aussprach. Während man sich aber ursprünglich für die Manzipation eines Strohmannes bediente, dem gegenüber der Vater (Gewalthaber) die Manzipation vornahm, damit er dann die Injurezession an den Adoptivvater vollzöge, weist Gajus auch den Weg, daß der Gewalthaber die Manzipation gegenüber dem Adoptierenden selbst vornahm, der dann das Kind, statt es das dritte(erste)mal (wieder) freizulassen, dem Gewalthaber zurückmanzipierte, der es dadurch nicht mehr in patria potestas, sondern in mancipio hatte und daher selbst in iure zedieren konnte.

Das Wesen der testamentarischen Adoption, die zahlreiche Urkunden seit dem letzten Jahrhunderte der Republik erwähnen, ist nicht mit Sicherheit zu bestimmen. Wahrscheinlich war es eine Arrogation, die sich von deren Normalform nur dadurch unterschied, daß die mündliche Erklärung des Arrogierenden hier durch seine letzte Willenserklärung ersetzt war, die zwar ebenfalls erst durch Kurienbeschluß genehmigt werden mußte und dann die ordentlichen Wirkungen der Arrogation erzeugte, nur naturgemäß nicht mehr die patria potestas begründen konnte, darum nicht adrogatio genannt wurde und auch Frauen gestattet war.

Als Rechtsgeschäft verlangte die Annahme an Kindesstatt die Zustimmung des Arrogierten, des Gewalthabers des zu Adoptierenden. Als Erwerbsart der patria potestas konnte die Adoption niemals dazu dienen, eine andere Art der Verwandtschaft zu begründen oder jemandem (Frauen, Fremden) eine dem römischen pater familias vorbehaltene Gewalt zu verschaffen. Als Ersatz des natürlichen Kindesverhältnisses — adoptio naturam imitatur — verlangte sie endlich einen gewissen Altersunterschied, ein höheres Alter des Adoptierenden. Das Erfordernis des Altersunterschiedes von achtzehn Jahren ist jedoch erst justinianisches Recht. Auch hinderte die Ehelosigkeit niemals die Adoption. Die Arrogation erforderte namentlich auch Komitialfähigkeit beider Teile.

Unbekannt war dem Rechte der ganzen heidnischen Zeit die Legitimation, der Eintritt außerhalb rechter Ehe geborener Kinder in die Gewalt des Vaters durch Heilung dieses Mangels. Nur der Latiner erwarb mit dem römischen Bürgerrecht auch die römische patria potestas über seine schon vorher erzeugten ehelichen Kinder. Sonst konnte bloß in einzelnen Fällen durch Dispensation (erroris probatio) wegen eines Irrtums über die Bürgerqualität des einen oder anderen Ehegatten mit der Verleihung des fehlenden Bürgerrechts gleichzeitig auch die patria potestas gewährt werden.

Außerhalb der väterlichen Gewalt, ja in keinerlei rechtlicher Beziehung zu seinem Vater stand auch in dieser Zeit das uneheliche Kind. Die natürliche Vaterschaft als solche war rechtlich ohne jede Bedeutung. Auch der Konkubinat äußerte noch keine zivilrechtliche Wirkung. Die Wirkungen der außerehelichen Verwandtschaft bestanden lediglich darin, daß sie ein Ehehindernis begründete und die Ladung auch des außerehelichen Aszendenten vor Gericht nicht ohne weiteres gestattete. Als einzige positive zivilrechtliche Wirkung kann eine Konstitution Hadrians (119) gelten, die den während der Dienstzeit des Vaters geborenen natürlichen Soldatenkindern ein gesetzliches Erbrecht in der prätorischen Kognatenklasse gewährte. Doch ist nicht sicher, ob nicht auch dieses Privileg nur vorübergehend und vielleicht bloß für Ägypten galt.

Auch zwischen der Mutter und ihrem unehelichen Kinde konnten rechtliche Beziehungen erst erwachsen, seit und soweit die Rechtsordnung solche an die Blutsverwandtschaft knüpfte. Das Kind erhielt ihren, niemals des Vaters Namen, nur häufig, um die uneheliche Geburt zu verdecken, einen fiktiven Vaternamen (Sp[urii] f[ilius]).

Die väterliche Gewalt ist ihrem Wesen nach allezeit dieselbe geblieben. Um sie geltend zu machen, stand dem Vater — allgemeiner gesprochen dem Gewalthaber — eine Feststellungsklage (praeiudicium) zu, falls sie überhaupt bestritten war, vindicatio in patriam potestatem, falls ein Dritter sich das Vaterrecht anmaßte und das Kind in seiner faktischen

Gewalt hatte, und Interdiktsschutz, das interdictum de liberis exhibendis auf Vorführung des Kindes und de liberis ducendis, falls der Dritte zwar keine eigene Gewalt über das Kind in Anspruch nahm, aber doch Einspruch erhob gegen die Heimführung des Kindes durch den Vater. Das analoge Interdikt de uxore exhibenda ac ducenda beruht erst auf späterer Rechtsentwicklung.

Der kulturelle Fortschritt und die Entwicklung des Verkehrs brachten jedoch auch manche tatsächliche und rechtliche Abschwächung der väterlichen Gewalt mit sich. Aussetzung Neugeborener kam zwar noch immer vor, bildete aber gewiß nur mehr eine seltene Ausnahme. Die Gesetzgebung der Severe verbot sie überhaupt. Der Mißbrauch des schon längst durch die Sitte an die Zustimmung des Familienrates geknüpften ius vitae ac necis wurde durch nota censoria geahndet. Der Verkauf des Hauskindes geschah fast nur mehr noxiae causa oder zu Adoptions- und Emanzipationszwecken. Auch unterschied sich die Stellung des mancipium im klassischen Rechte wesentlich von der des servus. Das mancipium blieb frei und Bürger. Seine Ehe blieb bestehen. Es konnte wegen Mißhandlung durch actio iniuriarum ordentlichen Rechtsschutz gegen den Gewalthaber in Anspruch nehmen. Dem Sklaven stand es nur mehr insofern gleich, als es unfähig war, sich selbst zu verpflichten, und wie der Sklave durch Freilassung aus dem Gewaltverhältnis schied. Doch war seine Freilassung niemals den für Sklaven geltenden Beschränkungen unterworfen. Sie konnte unter Umständen sogar erzwungen werden. Den Mißbrauch der väterlichen Gewalt sühnte Trajan dadurch, daß er den Vater zur Emanzipation des Sohnes zwang, und Hadrian verurteilte einen Vater wegen Überschreitung seines Tötungsrechtes zur Deportation. Es vollzog sich in dieser Zeit mit einem Worte die Umwandlung des einseitigen Gewaltverhältnisses in ein solches wechselseitiger Rechte und Pflichten, kraft dessen das Hauskind seine Ansprüche, namentlich auf Unterhalt, selbst vor der Behörde (extra ordinem) geltend machen konnte.

Hand in Hand damit ging auch ein merklicher Wandel in der vermögensrechtlichen Stellung des Hauskindes vor sich. Nach wie vor erwarb zwar das Hauskind, was immer es erwarb, dem Gewalthaber: ipse qui in potestate est, nihil suum habere potest. Doch erfuhr schon dieser Grundsatz in klassischer Zeit (allerdings nur) eine Ausnahme: das peculium castrense.

Das peculium als ein dem Gewaltunterworfenen tatsächlich vom Gewalthaber zu freier Verfügung überlassener Vermögenswert (p. profecticium), der aber rechtlich dem Vermögen des Gewalthabers zugerechnet blieb, war bereits dem älteren Rechte bekannt. Im Gegensatze dazu war das peculium castrense das dem Gewaltunterworfenen für seinen Militärdienst zugewendete oder von ihm als Soldat erworbene Vermögen: quod a parentibus vel agnatis in militia agenti donatum est vel quod ipse filius familias in militia adquisiit. Dieses Vermögen wurde vielleicht schon von Cäsar, jedenfalls seit Augustus — Labeo kennt und berücksichtigt es noch nicht — als eigenes rechtliches Vermögen des Hauskindes angesehen. Es konnte schon bei Lebzeiten seines Gewalthabers frei, vice patris familias, damit schalten, als Soldat, erst seit Hadrian auch nach seinem Austritt aus dem Kriegsdienst, letztwillig darüber verfügen. Peculium, bloß anvertrautes Vermögen, war es nur mehr insofern, als es mangels solcher letztwilliger Verfügung beim Tode des Hauskindes dem überlebenden Gewalthaber iure peculii, nicht etwa iure hereditario zufiel.

Während jedoch nach älterem Rechte der Gewaltunterworfene anscheinend ohne Ausnahme nicht bloß für den Gewalthaber erwarb, sondern der Rechtsfähigkeit überhaupt ermangelte, Rechtsgeschäfte nur als Organ des Gewalthabers schließen konnte, anerkannte das klassische Recht zweifellos in vermögensrechtlicher Hinsicht die Fähigkeit des Haussohnes — nicht auch der Tochter und des Sklaven —, im eigenen Namen Rechte zu erwerben, Verpflichtungen auf sich zu nehmen, aktiv und passiv Rechtsgeschäfte zu schließen: filius familias ex omnibus causis tamquam pater familias obligatur et ob id agi cum eo tamquam cum patre familias potest. Fraglich ist nur, ob und wie das Urteil gegen den Gewaltunterworfenen vollstreckbar war. Jedenfalls, nachdem er gewaltfrei geworden war. Sicherlich auch schon während der Dauer der väterlichen Gewalt, soweit es Realexekution war und der Haussohn eigenes Vermögen besaß. Dagegen wahrscheinlich auch in dieser Zeit nicht, soweit Personalexekution in Frage stand, die mit dem Gewaltverhältnis unverträglich war. Wenigstens fehlt es an Quellenzeugnissen dafür. Ersatz bot der Prätor dem Gläubiger in der adjektizischen Haftung des Gewalthabers, dem der Erwerb des Gewaltunterworfenen zugute gekommen, als dessen Organ der Gewaltunterworfene aufgetreten war.

Der Gewaltunterworfene verpflichtete zwar den Gewalthaber grundsätzlich nur durch unerlaubte Handlungen (Privatdelikte). Diese Noxalhaftung ist unverändert aus dem alten in das klassische Recht übergegangen. Für den — nicht durch Verschulden des Tierhalters verursachten — Tierschaden (actio de pauperie und actio de pastu) und aus dem Diebstahl (furtum nec manifestum) schon durch die Zwölftafeln, für damnum iniuria datum durch die lex Aquilia normiert, dehnte sie das prätorische Edikt allmählich auf verwandte Fälle (furtum manifestum, iniuria, Raub) aus, so daß sie schließlich aus allen Delikten entsprang, die den Täter sui iuris selbst haftbar machen würden. Doch auch nur unter den Voraussetzungen, die eine Verantwortung des Täters selbst begründen würden, weshalb man dem Verschuldensprinzipe zuliebe sogar den Tierschaden von einem „Verschulden“ des Tieres, von dessen Verhalten contra naturam sui generis abhängig machte. Die Haftung traf den besitzenden dominus, den, der es im Augenblicke der Klage war: noxa caput sequitur, strafweise auch den, der den Besitz des Täters arglistig aufgegeben hatte. Die Haftung ging auf Schadensersatz (noxiam sarcire), konnte aber durch Preisgabe des Schuldigen (noxae datio, deditio) abgewendet werden.

Der Gewaltunterworfene verpflichtete dagegen den Gewalthaber nicht durch Rechtsgeschäfte. Hier griff der Prätor gegen Ende der Republik durch Normierung der adjektizischen Haftung ein. Der Gewalthaber, der seinen Gewaltunterworfenen zu einem einzelnen Geschäfte, zum Betrieb eines See- oder Binnenhandels oder -gewerbes ermächtigt hatte, wurde aus diesen Geschäften, wenn er ihm ein Pekulium eingeräumt oder aus einem Geschäfte des Unterworfenen Nutzen gezogen hatte, nach Maßgabe des Pekuliums oder des ihm zugeflossenen Nutzens haftbar.

Die Ermächtigung, das iussum, das nicht sowohl dem Gewaltunterworfenen als vielmehr dem Geschäftsgegner vor oder nach Abschluß des Geschäftes erteilt war, war es, das den Gewalthaber im ersten Falle haftbar machte (actio quod iussu), und zwar kraft einer unter dem Einflusse von Javolen und Julian vollzogenen Rezeption des iussum ins ius civile, wenigstens in gewissen Fällen (condictio) sogar mit der zivilen Kontraktsklage (condictio) selbst. Eine stillschweigende Ermächtigung war es, die den Gewalthaber aus den einzelnen Geschäften des von ihm bestellten magister navis (actio exercitoria) oder Geschäftsleiters (actio institoria) haftbar machte, doch anscheinend ebenfalls nur, wenn der dritte beim Vertragsschlusse wußte, daß er mit einem „Bevollmächtigten“ abschließe. Ebendarum aber für die ganze Schuld (in solidum) und jederzeit (in perpetuum).

Sonst haftete der Gewalthaber aus Geschäften Gewaltunterworfener nur, soweit ihm der Gewinn aus dem Geschäfte zugute gekommen war (in rem versum), darüber hinaus bloß insoweit, als das Pekulium Befriedigung gewährte (de peculio). Diese Haftung wurde verfolgt mit der actio de peculio et de in rem verso. Das war anscheinend eine einzige Klage mit zwei, dem jeweiligen Bedarfsfall angepaßten Kondemnationsbefehlen, die daher auch zulässig war, wenn das peculium keine Aktiven enthielt. Ob auch, wenn ein Pekulium überhaupt nicht vorlag, ist erst jüngst wieder als tribonianisch verdächtigt worden. Die Pekuliarhaftung entfiel, das Pekulium war passiv, wenn es schon durch Befriedigung der eigenen Forderungen des Gewalthabers erschöpft war, der seine Forderungen vorweg in Abzug bringen konnte. Diese Befugnis war ihm nur entzogen, wenn der Gewaltunterworfene mit seinem Wissen ein Handelsgeschäft (merx peculiaris) betrieb. In diesem Falle mußte das Pekulium allen Gläubigern einschließlich des Gewalthabers zu gleichmäßiger Befriedigung dienen, haftete der Gewalthaber den Gläubigern für gleichmäßige Befriedigung (actio tributoria). Immer haftete aber der Gewalthaber in diesen Fällen nur beschränkt, de peculio, überdies bloß während eines annus utilis, von dem Zeitpunkt an gerechnet, in dem das Pekulium ohne dolus des Gewalthabers seine selbständige Existenz verloren hatte.

Die Haftung erwuchs aus Geschäften der Gewaltunterworfenen überhaupt. Während sie aber zu der ex iure civili begründeten Haftung des Haussohnes selbst bloß ergänzend hinzutrat, entstand sie aus Rechtsgeschäften des Sklaven oder der filia familias, die sich selbst nur naturaliter verpflichten konnten, als einzige Haftung. Diese sogenannten actiones adiecticiae qualitatis waren jedoch keine selbständigen Klagen (actiones directae), sondern bloß Modifikationen der aus dem jeweiligen Rechtsgeschäft entspringenden Klage (actiones utiles), Klagen mit Umstellung der Subjekte, die in der intentio auf den Namen des Gewaltunterworfenen, in der condemnatio auf den des Gewalthabers abgestellt waren, überdies actiones ficticiae mit der Fiktion der Freiheit, wenn es sich um ein von einem Sklaven abgeschlossenes Geschäft handelte, nötigenfalls mit einem Hinweis auf den Haftungsgrund in der demonstratio und mit einem beschränkenden Zusatz in der condemnatio: Quod A^s A^s de Lucio Titio, cum is a N^o N^o tabernae instructae praepositus esset, decem pondo olei emit, cui rei Lucius Titius a N^o N^o ibi praepositus erat, quidquid ob eam rem Lucium Titium A^o A^o dare facere oportet ex fide bona, eius iudex N^m N^m A^o A^o c. s. n. p. a.

Diese Haftung des Gewalthabers aus Geschäften des Gewaltunterworfenen bot jedoch nicht bloß dem Gläubiger Vorteil. Sie ermöglichte vielmehr gerade darum auch erst den wirksamen Abschluß von Rechtsgeschäften durch den Gewaltunterworfenen zugunsten des Gewalthabers. Denn die Geschäfte des täglichen Lebens sind zumeist wechselseitige Geschäfte, bei denen man nur durch Leistung eines Entgeltes Gläubiger wird, so daß der Dritte sich dazu nur bereit fand, wenn er sicher war, für seine Leistung auch das erwartete Entgelt zu erhalten.

Der Haussohn verpflichtete demnach durch seine Rechtsgeschäfte unter Umständen den pater familias. Jedenfalls verpflichtete er sich aber selbst iure civili. Was er erwarb, erwarb er dagegen in der Regel für den Gewalthaber. Darum konnte er grundsätzlich nicht als Kläger vor Gericht auftreten. Nur für das peculium castrense und für die ihm persönlich widerfahrene Unbill konnte er selbst gerichtlichen Schutz begehren. Die actio iniuriarum, auch die actio in factum gegen den Freigelassenen, der ihn unbefugt vor Gericht geladen, und das interdictum quod vi aut clam standen ihm selbst zu. Schon die klassische Rechtswissenschaft gewährte ihm ferner die querela inofficiosi gegen das Testament der Mutter oder eines mütterlichen Aszendenten. Außerdem erhielt er in einzelnen Fällen das Recht, falls der Vater verhindert war, im eigenen Namen zu klagen. An dem Grundsatze wurde jedoch festgehalten. Weder die Annahme, daß er alle actiones in factum im eigenen Namen, noch gar die, daß er überhaupt alle in der Person des Vaters entstandenen Klagen als actiones in factum erhielt, ist quellenmäßig sicher zu belegen.

Grundsätzlich erlosch das Gewaltverhältnis, die patria potestas, auch im klassischen Rechte nur durch den Tod des Vaters oder des Kindes. Ausnahmsweise endete sie bei Lebzeiten des Gewalthabers in dessen Person infolge seines bürgerlichen Todes durch Verlust der Freiheit, des Bürgerrechtes oder seiner familienrechtlichen Selbständigkeit (Arrogation), in der Person des Kindes durch Annahme der Eigenschaft eines flamen Dialis oder einer vestalischen Jungfrau, durch Verlust des Bürgerrechts oder der Freiheit, durch Eintritt in die manus, in die causa mancipii oder durch Adoption.

Erfolgte die Lösung des Verhältnisses in diesen Fällen teils unfreiwillig, teils nur, um das Kind einer anderen Gewalt zu unterwerfen, so diente die Emanzipation dazu, das Kind bei Lebzeiten und mit Willen des Vaters zum homo sui iuris zu machen.

Der Vorgang war derselbe, wie er schon im alten Recht ausgebildet worden war als Nutzanwendung des Zwölftafelsatzes: si pater filium ter venum dedit, filius a patre liber esto. Nur entwickelte sich auch hier wie bei der Adoption die Spielart, daß der Dritte nach der (letzten) Manzipation das Kind, statt es freizulassen, dem Vater zurückmanzipierte, damit er selbst es freilasse und dadurch selbst Patron des Kindes werde (emancipatio fiduciaria). Bis in die letzte Zeit der

Republik anscheinend wenig gebräuchlich, erlangte sie schon in der klassischen Kaiserzeit bemerkenswerte Bedeutung, der die Rechtswissenschaft Rechnung zu tragen bemüht war. Man gestattete sie nicht gegen den Widerspruch des Kindes. Man erzwang sie dagegen unter Umständen, wie bereits bemerkt, gegen den Willen des Vaters. Man ließ ferner dem Emanzipierten nicht bloß sein peculium castrense, sondern nahm im Zweifel auch an, daß er das peculium profecticium behalten dürfe. Als Kognat, der er trotz Austrittes aus dem Agnatenverbande blieb, genoß er endlich in seiner bisherigen Familie das kognatische Erbrecht, während er selbst nicht erst nach Kognatenrecht, sondern schon von jeher nach Patronatsrecht beerbt wurde.

Hinderte die patria potestas nicht die allmähliche Anerkennung der Rechtsfähigkeit des Haussohnes, so blieb dagegen die dominica potestas, die Gewalt des Herrn über den Sklaven, grundsätzlich Sachherrschaft, der Sklave Rechtsobjekt, Sache. Die Unfreiheit entstand durch Kriegsgefangenschaft, durch Geburt von einer unfreien Mutter, die von der Empfängnis bis zur Geburt keinen Augenblick frei gewesen war, oder durch Strafurteil (servus poenae), durch Verurteilung zum Tod (in ferrum, ad bestias) oder zur Zwangsarbeit (in metallum), ferner schon in republikanischer Zeit kraft einer Bestimmung des prätorischen Ediktes durch Scheinverkauf in die Sklaverei, um alsbald die Freiheit geltend zu machen und den Kaufpreis mit dem Helfershelfer zu teilen (pretii participandi causa), nach dem S. C. Claudianum (52) durch verbotenen Geschlechtsverkehr mit einem fremden Sklaven, endlich kraft Kaiserkonstitutionen für den Freigelassenen auf Begehren des Patrons wegen Undankbarkeit. Die Unfreiheit klebte dem Sklaven an, gleichgültig ob er einer konkreten potestas unterworfen war oder nicht. Herrenlosigkeit machte nicht frei (servus sine domino).

Der Sklave war im Rechtssinne grundsätzlich bloß Sache. Doch der Mensch im Sklaven heischte bald einigermaßen Berücksichtigung. Zunächst geschah das auf religiösem Gebiete. Das ius sacrum anerkannte Gelübde und Eid des Sklaven gegenüber den Göttern als gültig und verpflichtend. Das Grab des Sklaven war locus religiosus. Der Sklave konnte Mitglied geistlicher Genossenschaften sein. Das Privatrecht schloß sich, wenn auch zögernd und in bescheidenen Grenzen, an. Daran hatte vielleicht die stoische Philosophie ihr Teil. Vorwiegend waren aber wohl wirtschaftliche Erwägungen, das eigene Interesse des Herren dafür bestimmend. Die Entwicklung bewegte sich nach zwei Richtungen. Sie beschränkte die willkürliche Verfügungsgewalt des Herren und sie führte zur Anerkennung einer selbständigen Verpflichtungsfähigkeit des Sklaven.

Schon in republikanischer Zeit war man geneigt, ein Asylrecht des Sklaven anzuerkennen, der sich dadurch der Grausamkeit seines Herren entzog. Auch drohte dem grausamen und ungerechten Herren wohl von alters her die nota censoria. Der rechtliche Schutz gegen Mißbrauch des Herrenrechtes begann mit einer lex Petronia unter Augustus oder Tiberius, die den Herren verbot, Sklaven ohne Zustimmung der Behörde den wilden Tieren vorzuwerfen. Ein Edikt des Claudius erklärte ferner den Sklaven für frei, den sein Herr der Not preisgegeben hatte. Hadrian bedrohte Grausamkeiten gegen Sklaven mit Strafe und unterstellte die Sklaven der staatlichen Strafgerichtsbarkeit. Spätere Kaiser gingen noch weiter. Doch sind all diese Maßregeln nur die Kehrseite des düsteren sozialen Bildes, das die damalige Lage des Sklaven darstellt. Die maßlose Vermehrung des Sklavenstandes, die schon im Namen des Sklaven zum Ausdrucke kam, insofern er nicht mehr bloß in einer für den einzigen Sklaven verständlichen Ableitung aus dem Namen des Herrn (Lucipor,

Marcipor) bestand, sondern einen selbständigen Namen darstellte (Hermodorus Marci Tulli Ciceronis [servus]), der damit Hand in Hand gehende Mangel eines persönlichen Verhältnisses zwischen Herren und Sklaven, die ungeheure soziale Kluft, die den Sklaven vom Herren schied, näherten das Los des damaligen römischen Sklaven dem des afrikanischen Sklaven der Neuzeit und verlangten daher ein Eingreifen der Gesetzgebung, wo früher das patriarchalische Verhältnis zwischen Herren und Sklaven, die Sitte allein schon mildernd gewirkt hatte.

Was die Rechtsfähigkeit des Sklaven betrifft, so knüpfte sie einmal an das Delikt an. Sie war ursprünglich nicht Voraussetzung für die von jeher begründete Noxalhaftung des Herren. Sie war dagegen schon vorausgesetzt, wo das auf Anstiften des Herren vom Sklaven begangene Delikt diesen selbst haftbar machte. Die Noxalhaftung, die den jeweiligen dominus traf, wäre da nicht am Platze gewesen. Darum machten schon republikanische Juristen in solchem Falle den Sklaven selbst nach seiner Freilassung verantwortlich. In analoger Weise ließ man den Freigelassenen noxal haften, weil er durch die Freilassung gewissermaßen sein eigener dominus geworden war (noxa caput sequitur). Damit war, wenn auch in eigentümlicher Denkform, die Deliktsfähigkeit des Sklaven anerkannt.

Ähnlich entwickelte sich die rechtsgeschäftliche Verpflichtungsfähigkeit des Sklaven im Anschluß an das peculium. Der Sklave erschien zunächst nur als Organ des Herren (ex persona domini). Als solches wurde er jedoch schon früh selbst dann anerkannt, wenn er Rechtsgeschäfte ohne Willen und Wissen des Herren schloß. Schon darin lag, wenn auch vielleicht unbewußt, das Zugeständnis selbständiger Willensfähigkeit des Sklaven. Zugestanden wurde sie geradezu in der schon von Labeo gebilligten Fähigkeit des servus communis, Rechtsgeschäfte zwischen den Miteigentümern zu vermitteln. Typisch dafür war die Einräumung eines peculium. Das Pekulium blieb zwar Vermögen des Herren, das Sklavenvermögen daher eine Quelle des Einkommens für den Herren. Aber der Herr zog das peculium regelmäßig nicht wieder an sich. Es war faktisch Eigentum des Sklaven. Peculium (est) quod servus domini permissu separatum a ratronibus dominicis habet. Demgemäß galten auch die Rechtsgeschäfte des Pekuliuminhabers tatsächlich als dessen selbständige Geschäfte, durch die sich das Sondervermögen vermehren und vermindern konnte. Besonders charakteristisch dafür ist der schon von Labeo gelehrte Satz: hereditas et legatum in peculium computantur, der Sklave konnte zu einer Erbschaft berufen, mit einem Legat bedacht werden und erwarb im Zweifel für das Pekulium. Damit war nicht bloß der Abschluß von Rechtsgeschäften zwischen dem Sklaven und Außenstehenden „auf eigene Rechnung", sondern sogar das Rechtsgeschäft zwischen dem Sklaven und seinem Herrn in den Bereich der Möglichkeit gerückt.

Diesem tatsächlichen Zustande trug schließlich auch die Rechtsordnung Rechnung. Der Sklave konnte zwar niemals am Volksrechte teilhaben. Seine Rechte und Verbindlichkeiten konnten niemals den Gegenstand einer volksrechtlichen actio bilden. Nicht einmal der Prätor vermochte sich von den altüberkommenen Vorstellungen soweit zu befreien, daß er den Sklaven als Aktiv- und Passivsubjekt einer Klage anerkannt hätte. Aber nach Maßgabe des Pekuliums und der übrigen adjektizischen Haftungsgründe machte er wenigstens den Gewalthaber aus Geschäften seiner Sklaven ebenso und aus denselben Gründen verantwortlich wie aus solchen des Haussohnes. Auch ließ anscheinend schon Labeo den Freigelassenen, dem bei der Freilassung sein Pekulium verblieben war, für seine Sklavenschulden nach Maßgabe des Pekuliums selbst haften. Analog nahm das Zivilrecht der Kaiserzeit schließlich überhaupt eine „Naturalobligation" des Sklaven aus seinen Verpflichtungen an.

Mangels der Persönlichkeit war der Sklave endlich zwar grundsätzlich der Prozeßfähigkeit beraubt. Extra ordinem war es ihm jedoch anscheinend schon seit Beginn der Kaiserzeit gestattet, seine Beschwerde vor die Obrigkeit zu bringen. Zweifelhaft ist, in welcher Form sich der Freiheitsprozeß dieser Zeit bewegte. Jedenfalls führte er zu verschiedener formularer Gestaltung, je nachdem die adsertio ex servitute in libertatem oder ex libertate in servitutem stattfand. Die petitio in servitutem scheint auch im Formularprozeß nur eine Form der vindicatio und wie diese auch in der Form des agere per sponsionem möglich gewesen zu sein. Für die adsertio ex servitute in libertatem ist zwar die Präjudizialform (an liber sit) mehrfach bezeugt. Gewichtige Gegengründe, namentlich das Schweigen des Gajus, machen es aber nicht unwahrscheinlich, daß auch diese Form des Freiheitsprozesses dem Vorbilde der actio in rem folgte.

Die Freilassung bewegte sich zunächst in denselben Formen wie bisher. Nur verlor die manumissio censu mit dem Zensus selbst schon zu Beginn der Kaiserzeit ihre praktische Geltung. Dagegen gewann die testamentarische Freilassung durch die allgemeine Vereinfachung und Erleichterung der letztwilligen Verfügungen immer mehr an Bedeutung. Ihr, die den Freigelassenen zugleich des Patrons entledigte (servus orcinus), gesellte sich überdies mit der Anerkennung der Fideikommisse eine neue Spielart zu, die fideikommissarische Freilassung, die bloß den Erben zur Freilassung verpflichtete und durch die erst noch in bestimmter Form vorzunehmende Freilassung zum Patron des Freigelassenen machte. Die manumissio vindicta schrumpfte allmählich zu einer einfachen Freilassungserklärung des Herren vor Gericht zusammen.

Das Kaiserrecht gewährte die Freiheit in gewissen Fällen, z. B. als Belohnung für die Anzeige bestimmter Verbrechen, ohne daß es einer formellen Freilassung bedurfte. Dagegen schuf der Prätor zwei neue Arten der Freilassung, inter amicos, durch mündliche Erklärung vor Zeugen, oder per epistolam, durch Freibrief. Auch sie waren nicht formlos, sondern erfolgten durch eigene, unmittelbar dem Freilassungszwecke dienende Erklärung. Die sogenannte manumissio per mensam gehörte dagegen vermutlich erst der nachklassischen Zeit an. Der „prätorisch" Freigelassene genoß vorerst auch nur „prätorische Freiheit". Der Prätor schützte ihn im Genusse der Freiheit, indem er dem Herrn die vindicatio in servitutem versagte. Aber er konnte ihn nicht rechtsgültig zum Freigelassenen machen: non est liber (in libertate morari).

Der öffentlichrechtlichen Bedeutung der Freiheit war schon von jeher durch die Kontrolle der zur Mitwirkung berufenen öffentlichen Organe Rechnung getragen. Die Gesetzgebung der ausgehenden Republik und der beginnenden Kaiserzeit sah sich jedoch veranlaßt, dem Mißbrauche der Freilassungen durch besondere Präventivmaßregeln vorzubeugen. Eine lex Fufia Caninia (752 a. u. c.) beschränkte die testamentarischen Freilassungen auf eine bestimmte Zahl, die im Verhältnisse zur Gesamtzahl der Sklaven des Erblassers bemessen war und jedenfalls hundert nicht überschreiten durfte. Die lex Aelia Sentia (758 a. u. c.) verbot dem Herren unter zwanzig Jahren Freilassungen ohne ernsthaften Grund, dessen Stichhaltigkeit von einer dazu bestimmten Kommission zu prüfen war. Sie verbot ferner Freilassungen zum Nachteile der Gläubiger (in fraudem creditorum). Sie gewährte endlich dem ohne triftigen Grund Freigelassenen unter dreißig Jahren nicht Bürgerrecht, sondern bloß junianische Latinität, solchen, die in der Sklaverei eine schwere Strafe erlitten hatten, gar nur die Stellung eines dediticius, der mangels jedes

Bürgerrechts nicht rechtswirksam erwerben oder verfügen, in Rom nicht leben und niemals römischer Bürger werden konnte.

Eine lex Iunia Norbana, die man trotz mancher Bedenken den Konsuln des Jahres 772 zuschreiben muß, so lange die behauptete Interpolation der Benennung „Norbana" in den Digesten Justinians nicht aufgeklärt ist, gewährte den prätorisch Freigelassenen eine rechtlich anerkannte Freiheit, die sogenannte junianische Latinität. Dieselbe Stellung wies sie jedem Freigelassenen zu, der nur im prätorischen Eigentum seines Herren gestanden hatte. Sie lebten als Freie, starben als Sklaven. Sie wurden nicht beerbt, ihr Vermögen fiel an ihren ehemaligen Herrn.

Die Rechtsstellung des Freigelassenen wurde im Formularprozesse durch Feststellungsklage (praeiudicium an libertus sit) entschieden. Eine lex Visellia (24 a. Ch. n.) bedrohte überdies den Freigelassenen, der sich die Eigenschaft eines Freigeborenen anmaßte, mit Strafe.

Eine Mittelstellung nahmen der liber homo bona fide serviens, der addictus oder iudicatus, der redemptus und auctoratus ein. Der bona fide serviens war ein Freier, der sich für einen Sklaven hielt und von seinem Besitzer dafür gehalten wurde. Er erwarb, was er durch seine Arbeit (ex operis) oder mit dem Vermögen seines vermeintlichen Herrn (ex re eius cui servit) erwarb, für diesen. Der addictus oder iudicatus, der in Privathaft des Gläubigers gegebene Schuldner behielt zwar Freiheit und Bürgerrecht, seine „Entführung" war aber wie die des Sklaven Diebstahl am Gläubiger. Der Erwerb des Schuldknechtes fiel dem Gläubiger zur Befriedigung seiner Forderung zu. Ebenso haftete der redemptus, der aus der Gefangenschaft Losgekaufte seinem Befreier als Pfand (vinculum pignoris) bis zur Zahlung des Lösegeldes, der auctoratus, der sich einem Unternehmer (lanista) durch Erklärung vor den Tribunen als Gladiator verpflichtet hatte, bis zur Erfüllung seiner Vertragspflicht, die durch actio furti gegen den Vertragsbrüchigen erzwungen werden konnte. Der colonus als „unfreier" Pächter ist erst eine Erscheinung der späteren Zeit.

Vollberechtigtes Rechtssubjekt war auch jetzt nur der freigeborene römische Hausvorstand. Neben ihm genossen aber nun auch der Nichtrömer und der römische Haussohn eine gewisse Rechtsfähigkeit. Die Rechtsfähigkeit, das caput, besaß nunmehr gewisse Abstufungen, die in der Möglichkeit einer dreifachen capitis deminutio ihren adäquaten Ausdruck fanden. Wer Freiheit und Bürgerrecht einbüßte, erlitt eine capitis deminutio maxima, wer nur das Bürgerrecht verlor, eine media oder minor, wer seinen agnatischen Familienstand durch conventio in manum, mancipium (Adoption und Emanzipation), adrogatio wechselte (also bei der Emanzipation eventuell dreimal), eine minima. Ursprünglich, da der Fremde ebenso rechtlos war wie der Unfreie und das mancipium dem Sklaven gleichstand, vermutlich nur in einer Gestalt (c. d. maxima) möglich, setzten anscheinend schon die Zwölftafeln eine Spaltung der capitis deminutio in eine solche durch Verlust der Freiheit (und des Bürgerrechts) oder durch Aufgabe des Familienstandes voraus. Die c. d. media durch Verlust des Bürgerrechtes ohne den der Freiheit scheint erst aus dem Beginn der Kaiserzeit zu stammen. Wenigstens hatte der einzige Fall, den Gajus als Beispiel dafür anführt (accidit ei, cui aqua et igni interdictum fuerit), noch zur Zeit Ciceros den Verlust der Zivität nicht zur Folge.

Als Vernichtung der rechtlichen Persönlichkeit, die jedoch die natürliche Identität der Person vor- und nachher nicht aus der Welt zu schaffen vermochte, löste die capitis deminutio zwar alle Bande und Wirkungen der Agnation, ließ sie dagegen die Kognation und deren Rechtswirkungen unberührt, zerstörte sie als zivilrechtlicher Vorgang zwar die zivilrechtlichen

Vermögensverhältnisse, hinderte sie dagegen nicht deren Wirkungen als Deliktsschulden. Die Aktiven gingen regelmäßig auf den über, von dem die capitis deminutio ausging, auf den minutus selbst, wenn er nur das Bürgerrecht aufgab, auf den Gläubiger, der ihn trans Tiberim verkaufte, auf den Staat, der ihm die Freiheit strafweise entzog, auf den Arrogierenden, auf den Ehemann usw. Die Schulden erloschen. Hier griff der Prätor ein, indem er dem Gläubiger im Falle der capitis deminutio minima — gerade nur bei ihr, weil nur sie für den praetor urbanus, dem die Bestimmung wohl zu danken ist, in Betracht kam — restitutio in integrum, utilis actio rescissa capitis deminutione gewährte. In den übrigen Fällen befürwortete die Praxis eine actio utilis in eos, ad quos bona eorum pervenerunt.

Ohne daß die Persönlichkeit als solche dadurch berührt wurde, bewirkten gewisse Umstände von jeher eine Schmälerung der Rechtsfähigkeit als Minderungen der Bürgerehre (existimationis minutio), als Ehrenminderung oder Bescholtenheit (ignominia). Die ignominia war kein einheitliches Rechtsinstitut, sondern trat als Ausfluß des sozialen Empfindens in verschiedenen Formen und mit verschiedenen Wirkungen auf. Die Zeugnisunfähigkeit des Zeugnisverweigerers der Zwölftafeln (improbus intestabilisque esto), die sich allmählich zur Unfähigkeit der Teilnahme am Geschäfte mit Zeugen überhaupt ausdehnte, traf nach einem späteren Gesetz auch den Verfasser einer Schmähschrift (carmen famosum). Die zensorische Rüge (nota censoria), die das zensorische Sittengericht nach freiem Ermessen aussprach, hatte an sich weder staats- noch privatrechtlich bestimmte Wirkungen. Sie schloß den Gerügten z. B. nicht vom Richteramt aus. Sie verlor überdies gegen Ende der Republik mit der Zensur selbst ihre alte Wirksamkeit. Die, wenn man will, konsularische Infamie auf Grund der Weigerung des Wahlleiters, einen Unwürdigen in die Liste der Bewerber aufzunehmen, erschöpfte sich in dieser Wirkung. Privatrechtlich am bedeutsamsten war die Weigerung des Prätors, jemandem zu gestatten, für einen anderen Anträge vor Gericht zu stellen (postulare pro alio) oder durch Vermittlung eines Prozeßbevollmächtigten (cognitor, procurator) oder als solcher vor ihm aufzutreten. Die davon Betroffenen waren es, die man ignominiosi, infam, nannte. Das vermutlich allmählich erweiterte Edikt (qui nisi pro certis personis ne postulent) verzeichnete gewisse Berufsarten, Geschäfte und Fälle von Verurteilungen (iudicia publica, actiones famosae), die diese Wirkung haben sollten. Damit war dem Infamen vor allem die Möglichkeit des Prozessierens, die Rechtsdurchsetzung erschwert. Neben dieser infamia (iuris) machte sich endlich die turpitudo (infamia facti) geltend, die tatsächliche Minderwertung, die gewisse Personen (personae turpes) in der öffentlichen Meinung erfuhren, ohne daß sie einer der Gruppen des prätorischen „Infamenkataloges" angehörten. In dieser Hinsicht äußerten die übrigen Erscheinungen der Ehrenminderung auch ihre privatrechtliche Wirkung. Die turpitudo schloß die Betroffenen kraft Gesetzes oder durch den Spruch der Behörde aus, wo auf ungeschmälerte Ehrenhaftigkeit besonderes Gewicht gelegt war (Zeugnisfähigkeit, Vormundschaft, Erbeinsetzung zum Nachteile gewisser Verwandter u. a. m.).

Die Rechtsfähigkeit, ursprünglich ein Privileg des römischen pater familias, wurde allmählich auch anderen zu Teil. Nur zögernd und in beschränktem Maße setzte sich daneben auch die Anerkennung einer von der Einzelpersönlichkeit unabhängigen Rechtsfähigkeit, die juristische Person durch. Als allgemeine Rechtserscheinung blieb sie dem klassischen Rechte wohl allezeit fremd. Sie fand jedenfalls nur als Korporation Geltung. Die Stiftung galt niemals als selbständiges Rechtssubjekt, als Zweckvermögen, das niemandem als sich selbst angehört, als subjektloses Vermögen, sondern wurde regelmäßig dem fiduziarischen Eigentum einer bereits vorhandenen Korporation unterstellt, einer Korporation (Gemeinde, religiösem oder weltlichem Kollegium), deren Unsterblichkeit die dauernde Verwirklichung des Stiftungszweckes verbürgte, mit einer stiftungsgemäßen Auflage (durch Vermächtnis oder durch Schenkung unter Lebenden in der erforderlichen Form [Manzipation]) übertragen. Charakteristisch ist der Mangel jeder technischen Bezeichnung für die Stiftung. Ebensowenig war dem klassischen Recht anscheinend die öffentliche Anstalt bekannt. Wenigstens lassen sich weder aerarium noch fiscus in diesem Sinn auffassen. Das aerarium, der Staatsschatz des Volkes, galt zweifellos als Eigentum des römischen Volkes. Für den fiscus, das der kaiserlichen Verwaltungssphäre angehörige Vermögen, war zumindest auf eine juristische Konstruktion überhaupt verzichtet. Aber auch die Korporation wurde erst allmählich zur juristischen Person entwickelt. In dieser Hinsicht ist zu scheiden zwischen den öffentlichen Korporationen (Staat, Gemeinde usw.) einerseits und den Privatkorporationen (Kultgenossenschaften, Berufsverbänden usw.) andererseits.

Zuerst gelangte der Gedanke der juristischen Persönlichkeit anscheinend im Gemeinderechte zum Durchbruch. Den Ausgangspunkt bildete naturgemäß die römische Gemeinde selbst. Galt das Gemeindevermögen ursprünglich als res nullius, so entwickelte sich doch frühzeitig, vermutlich auf dem Umweg über die Genossenschaftsidee die Vorstellung, daß der populus Romanus ein selbständiges Rechtssubjekt sei. Doch überwog der Gedanke der souveränen Überordnung der Stadtgemeinde, nicht bloß über den einzelnen Bürger, sondern auch über die der Stadtgemeinde untergeordneten Verbände. Darum hatte die Rechtsfähigkeit des populus, die dieser jederzeit selbst bestimmen konnte, keinerlei Schranke. Darum galt für den populus weder die privatrechtliche Geschäftsform noch der Grundsatz der Unzulässigkeit direkter Stellvertretung. Darum wurden Streitigkeiten zwischen dem populus und einem Privaten nicht im ordentlichen Zivilprozeß, sondern durch den Zensor im Verwaltungsverfahren entschieden.

Gleich der römischen Gemeinde genoß auch die im römischen Staatsverbande stehende Stadtgemeinde juristische Persönlichkeit. Nur war ihre Rechtsfähigkeit verschieden je nach der Stellung der Gemeinde im Verband und der Privatrechtspersönlichkeit wohl näher gerückt als der populus Romanus. Die civitates liberae, denen die Angliederung an Rom ihre staatsrechtliche Unabhängigkeit belassen hatte, waren selbständige juristische Personen. Die Untertanenstädte wurden zwar auch als selbständige Rechtspersönlichkeiten behandelt, erlitten aber durch die Oberhoheit des römischen Volkes manche beträchtliche Einschränkung ihres Persönlichkeitsrechtes. Den Kolonien fehlte es überhaupt. Sie galten gewissermaßen als „Filialen der römischen Gemeinde". In der Kaiserzeit verschwanden diese Unterschiede, galt jede Stadtgemeinde als selbständiges Rechtssubjekt. Nur waren die peregrinischen Gemeinden von dem den römischen und latinischen zugänglichen spezifischen römischen Rechtsverkehr (namentlich mortis causa: Legate) ausgeschlossen.

Die Rechtsfähigkeit der Gemeinden inter vivos stand im allgemeinen der physischer Personen gleich. Mortis causa besaßen sie Legatsfähigkeit. Der Erwerb von Universalfideikommissen wurde ihnen erst durch einen Senatsbeschluß (S. C. Apronianum, 117 oder 123 p. Ch. n.) ermöglicht. Die Fähigkeit zur testamentarischen Erbfolge fehlte ihnen während der ganzen klassischen Zeit. Ihre rechtsgeschäftliche Vertretung besorgten bei den verschiedenen Formen der Gemeindelokationen (Verpachtung der Steuern und Ländereien usw.) und bei Verkauf von Gemeindevermögen die ständigen Gemeindeorgane nach den Grundsätzen des öffentlichen Rechtes, also namentlich mit der Wirkung direkter Stellvertretung, sonst die Magistrate oder besonders bestellte actores nach den Grundsätzen und mit den Wirkungen des gemeinen Privatrechtes.

Die privaten Vereine zeigen sich noch in der Kaiserzeit vom genossenschaftlichen Gedanken beherrscht. Ursprünglich in Gestalt von religiösen Verbänden (sodalitates, sodalicia) aus dem Gentilverband in seiner Funktion als Träger gewisser, ihm zugewiesener staatlicher Kulte hervorgegangen, denen die vom Staate für neugeschaffene Kulte künstlich gebildeten collegia cultorum zur Seite traten, oder als Berufsgenossenschaften, vermutlich auch vorwiegend zu Kultzwecken gebildet, dienten sie später auch geselligen und wirtschaftlichen Zwecken (Militärvereine, Sterbekassen u. a. m.). Die Vielheit der Zwecke und die Vielgestaltigkeit dieser Verbände erzeugte zugleich eine reiche Terminologie (sodalitas, sodalicium, collegium, corpus, societas) ohne feste juristische Grenzen. Unsicher ist für die ältere Zeit, ob die Vereinsbildung staatlicher Genehmigung unterlag. Vermutlich war sie frei. Nur kamen wiederholt Auflösungen von Korporationen in großem Umfange vor. Seit dem Ausgange der Republik bestand strenger Konzessionszwang. Für Rom war er durch eine lex Iulia (7 a. Ch. n.), für Italien und die Provinzen durch entsprechende Senatsbeschlüsse und kaiserliche Mandate normiert. Doch ließ schon die lex Iulia eine Anzahl der bereits vorhandenen Kollegien fortbestehen und ein Senatsschluß gestattete gewisse Kollegien generell.

Unter der Herrschaft der Legisaktionen war schon mangels der Vertretungsmöglichkeit im Prozesse Rechtsfähigkeit des privaten Vereines undenkbar. Das Vereinsvermögen war damals offenbar Gesellschaftsvermögen, nur daß vielleicht die Teilungsklage ausgeschlossen war, solange sich der

Verein nicht auflöste. Die Möglichkeit der Prozeßvertretung im Formularprozeß ebnete dann den Boden für die Annahme einer Vereinspersönlichkeit. Sie wurde nicht, wie man gemeiniglich annimmt, wenigstens nicht notwendig durch die Konzessionierung des Vereins geschaffen. Daß die Vereine erst in der Zeit Mark Aurels das Recht zur Sklavenfreilassung und Legatsfähigkeit erlangten, stellt sich zumindest dem schon an sich gewagten Schlusse von der Konzessionierung auf die Anerkennung der juristischen Persönlichkeit in den Weg. Wahrscheinlich — die richtige Deutung eines bekannten Ausspruches des Gajus scheint das nahezulegen — wurde die Rechtsfähigkeit zunächst von Fall zu Fall, unabhängig von der Konzessionierung, verliehen, erst seit Mark Aurel grundsätzlich jedem Verein zuerkannt. Die Rechtsfähigkeit der Vereine glich seitdem im wesentlichen der der Gemeinden. Auch sie wurden durch actores, doch stets nur nach den Grundsätzen und mit den Wirkungen des Privatrechtes vertreten. Möglicherweise waren sie im Gegensatze zu den Gemeinden auch deliktsfähig, für die Delikte ihrer Vertreter haftbar.

Die rechtliche Anerkennung der Persönlichkeit verlieh Rechtsfähigkeit, die Fähigkeit, Subjekt von Rechten (Erwerbsfähigkeit) und Pflichten (Verpflichtungsfähigkeit) zu sein. Wie aber trotzdem der juristischen Person die Fähigkeit fehlte, durch eigene Handlungen Rechte zu erwerben, Verpflichtungen zu begründen, so war diese Geschäfts- oder Handlungsfähigkeit unter Umständen auch der rechtsfähigen Einzelperson vollständig oder zum Teile versagt.

Gänzlich geschäftsunfähig, zu einem Rechtsgeschäft überhaupt nicht fähig war der infans, das Kind, das noch nicht sprechen konnte, wofür jedenfalls erst in nachklassischer Zeit, vermutlich erst durch Justinian die feste Grenze von sieben Jahren gesetzt wurde. Dem infans gleich stand der furiosus, der Geisteskranke. Die körperliche Gesundheit hatte für das materielle Recht der klassischen Zeit keine Bedeutung. Ehedem gehörte aber vielleicht zur Vergabung des Vermögens von Todes wegen volle Körperkraft. Wenigstens mögen einmal Komitial- und Waffenfähigkeit zusammengefallen sein.

In der Geschäftsfähigkeit beschränkt, fähig Rechte zu erwerben, aber unfähig, sich zu verpflichten, etwas zu veräußern, darum außerstande, eine Erbschaft anzutreten, die immer auch Verpflichtungen mit sich bringt, darum aus einem zweiseitigen Rechtsgeschäfte (Kauf u. dgl. m.) zwar berechtigt, aber nicht oder wenigstens nur nach Maßgabe seiner wirklichen Bereicherung (in quantum locupletior factus est) verpflichtet und praktisch darum vom Abschlusse solcher, d. h. so gut wie aller Rechtsgeschäfte ausgeschlossen war der Unmündige, der impubes, der noch nicht mit der toga virilis Bekleidete, wofür noch in späterer republikanischer Zeit das Ermessen (ex habitu corporis) der einzelnen Familie maßgebend war, erst seit Beginn der Kaiserzeit das vierzehnte (bei Mädchen das zwölfte) Lebensjahr als feste Grenze bestimmt wurde. Dem impubes gleichgestellt war das weibliche Wesen ohne Rücksicht auf das Alter. Die Pubertät des Mädchens bedeutete nur Heiratsfähigkeit. Doch war die Geschlechtsvormundschaft schon in republikanischer Zeit auf Zivilprozeß und zivile Rechtsgeschäfte (conventio in manum, Manzipation, Injurezessio, Akzeptilation u. a. m.; nicht: Veräußerung von res nec manicipi, Darlehen u. dgl.) beschränkt. Auch konnte nur der tutor legitimus die notwendige Mitwirkung zu solchen Rechtsgeschäften versagen. Einen andern Vormund konnte die Frau dazu zwingen oder auf Grund eines unbekannten Senatsschlusses auch bloß wegen vorübergehender Abwesenheit wechseln. Überdies wurde gerade die gesetzliche Agnatentutel über Frauen schon durch ein Gesetz des Kaisers Claudius (lex Claudia) beseitigt. Endlich gewährte das ius liberorum der freigeborenen Frau schon mit drei, der freigelassenen mit vier Kindern auf Grund der lex Iulia und Papia völlige Freiheit von der Geschlechtsvormundschaft.

Der Verschwender, prodigus, nach dem klassischen Rechtszustande der, dem der Prätor nicht mehr bloß im Interesse des vermutlichen Erben, sondern in dem des Entmündigten selbst und des Gemeinwesens überhaupt wegen Vergeudung seines wie immer erworbenen Vermögens die Verwaltung seines Vermögens durch Dekret entzogen hatte, war bis zur Aufhebung seiner Entmündigung durch Dekret von dem Unmündigen bloß dadurch unterschieden, daß er einen Erbschaftsantritt vornehmen konnte.

Alle anderen Personen waren vollkommen geschäftsfähig, grundsätzlich also jeder pubes. Doch nahm schon ein spätestens 563 (a. u. c. = 191 a. Ch. n.) erflossenes Gesetz, die lex Plaetoria, gegen die circumscriptio adolescentium Stellung. Das Gesetz gewährte gegen den, der einen minor XXV annis (aetas legitima) betrügerisch übervorteilt hatte, eine Strafklage (iudicium publicum rei privatae), dem Übervorteilten selbst eine Rückforderungsklage, der der Prätor eine exceptio (legis Plaetoriae) gegen die Klage aus dem anfechtbaren Geschäfte beigesellte, und — wenn das nicht etwa erst ein Zugeständnis der Praxis auf Grund des Gesetzes war — das Recht, die Bestellung eines Kurators (für das einzelne Geschäft (?) und ohne daß dadurch die Wirkungen des Gesetzes ausgeschlossen wurden) zu begehren.

In der Folge — spätestens im letzten Jahrhundert der Republik — gewährte der Prätor dem (mündigen) Minderjährigen, auch wenn er nicht gerade betrogen war, aber doch eine durch das Geschäft selbst veranlaßte Schädigung erfahren hatte, restitutio in integrum. Das Kaiserrecht ließ nicht nur die Vorteile der „Alterskuratel" auch den Mädchen an Stelle der schwindenden Geschlechtsvormundschaft zugute kommen, sondern gestaltete sie überhaupt zu einer dauernden und zwangsweisen Einrichtung aus. Der Abschluß dieser Entwicklung fiel bereits in die nachklassische Zeit. Doch scheint schon in der Zeit Mark Aurels der Kurator des Minderjährigen wenigstens bei gewissen Geschäften ständig funktioniert zu haben.

Anders als die Geschäftsfähigkeit war die Deliktsfähigkeit, die rechtliche Verantwortlichkeit für unerlaubte Handlungen gestaltet. Soweit schon Erfolg und Verursachung haftbar machten, traf die Haftung jeden Täter. Nur sahen schon die Zwölftafeln für den impubes eine mildere Bestrafung vor. Später stellte man auf die doli capacitas ab, auf das Unterscheidungsvermögen zwischen Gut und Böse. Doch scheint diese Abgrenzung und die sich im wesentlichen darin erschöpfende Scheidung zwischen infantiae und pubertati proximi noch Labeo unbekannt gewesen, wahrscheinlich erst auf Julian zurückgegangen zu sein.

Die Geschäftsfähigkeit war bedeutsam nur als Korrelat der Rechtsfähigkeit. Rechtsfähigkeit war denkbar und möglich auch ohne Geschäftsfähigkeit. Geschäftsfähigkeit ohne Rechtsfähigkeit gleicht dagegen dem Messer ohne Klinge. Darum ist, wenn man eine gewisse Fehlergrenze vernachlässigt, für das römische Recht nur die Frage von Belang, wie der mangelnden Geschäftsfähigkeit des homo sui iuris abgeholfen wurde. Das Auskunftsmittel war die „gesetzliche Vertretung" durch den Tutor, Vormund, für den impubes und für die Frau, durch den Kurator, Pfleger, für den minor, für den furiosus und für den prodigus sowie fallweise für bestimmte Aufgaben und Geschäfte (curator absentis, ventris nomine u. a. m.).

Zur Tutel berufen waren ursprünglich, da der Vormund nicht so sehr das Interesse des Mündels als vielmehr das der vermutlichen Erben vertreten sollte, durch das Gesetz (tutela egitima) nach den Grundsätzen der Erbfolge der proximus agnatus, die Gentilen, der Patron (parens manumissor), seit der Entwicklung der „Testierfreiheit" nur mehr in Ermangelung eines letztwillig bestellten, tauglichen (Bürger, männliches Geschlecht u. a. m.) Tutors (tutor testamentarius), zu dessen Bestellung nur der Gewalthaber berufen war, der die Auswahl des Geschlechtsvormundes (tutoris optio) durch letzten Willen auch der zu Bevormundenden selbst überlassen konnte. War weder ein gesetzlicher Vormund vorhanden noch letztwillig einer bestellt, so wurde er durch die Obrigkeit (ursprünglich durch den Stadtprätor, seit Claudius durch die Konsuln, später durch besondere Beamte) berufen. Die lex Atilia aus dem dritten vorchristlichen Jahrhundert (?), auf die man die Einführung dieser tutela dativa für Rom und Italien zurückführt, begründete diese Form der Bestellung wohl nicht erst. Wenigstens ist es nicht wahrscheinlich, daß das imperium mangels eines gesetzlichen oder testamentarischen Vormundes Schutzbedürftige bis dahin schutzlos gelassen habe. Vielmehr war dieses Recht wohl von jeher im imperium des Beamten eingeschlossen, wurde es nur durch diese lex eingeschränkt, von der Mitwirkung der tribuni plebis abhängig gemacht. Das gleiche Recht besaßen vermutlich von jeher die Munizipalmagistrate für Mündel und Vormünder ihres Gemeindegebietes. Die lex Iulia Titia (723 a. u. c. ?, wenn es nicht etwa zwei selbständige Gesetze, lex Iulia und lex Titia waren) regelte dann anscheinend die Bestellung von Vormündern durch die Provinzialstatthalter. Auch die Berufung zur Kuratel erfolgte, wenn sie im Zivilrecht begründet war (cura furiosi, prodigi), aus demselben Gesichtspunkte wie die zur Vormundschaft nach den Regeln des Erbganges (cura legitima agnatorum), sonst (cura minorum, prätorische cura prodigi usw.) durch obrigkeitliche Ernennung.

Die Funktion dieser „gesetzlichen Vertreter" war dieselbe wie im älteren Recht, interpositio auctoritatis, gegenwärtige Mitwirkung des Tutors beim Abschluß von Rechtsgeschäften des Mündels, die dadurch von vornherein als solche des Mündels galten, nur ihn berechtigten und verpflichteten, oder (negotiorum) gestio durch den Tutor oder Kurator selbst, an Stelle des Pflegebefohlenen, wodurch daher zunächst nur der gesetzliche Vertreter berechtigt und verpflichtet wurde, dem Pflegebefohlenen Ansprüche und Verpflichtungen nur gegenüber seinem gesetzlichen Vertreter aus dem Vertretungsverhältnis erwuchsen, sofern nicht das Geschäft statt vom Vertreter von einem Sklaven des Pflegebefohlenen besorgt war und damit diesen selbst zum Rechtssubjekt machte, was freilich wiederum bei höchst persönlichen Geschäften (Erbschaftsantritt) und bei Veräußerungen durch die Natur des Geschäftes ausgeschlossen war.

Einerseits erfuhr jedoch diese mangelhafte Vertretungsform gewisse Verbesserungen. Der Prätor gestattete dem Vertreter die Annahme einer Erbschaft an Stelle des Mündels wenigstens mit prätorischer Rechtswirkung. Die Möglichkeit des Besitz- (und damit auch des Traditions-) erwerbes durch den Prokurator wurde anscheinend sofort auch für den Tutor, vielleicht auch für den Kurator anerkannt. Endlich gewährte der Prätor „vorwiegend auf Julians Autorität hin" aus Kontrakten des Vormundes als Vertreter des Mündels dem und gegen den Mündel actio utilis, dem Mündel regelmäßig nach Beendigung der Vormundschaft, gegen den Mündel nach Maßgabe seiner Bereicherung oder bei Zahlungsunfähigkeit des Tutors. Andererseits brachte die allmähliche Umwandlung der gesetzlichen Vertretung aus einer potestas in ein munus, aus einem Gewalt- in ein Schutzverhältnis, manche tiefgehende Beschränkung der Stellung des gesetzlichen Vertreters mit sich. Die accusatio suspecti tutoris, die der Vormund des alten Rechts nur durch Treulosigkeit auf sich lud, begründete in klassischer Zeit seine Amtsentsetzung schon wegen grober Unfähigkeit. Schenkungen des

Vormundes aus Mündelvermögen und andere vom Vormunde mala fide vorgenommene Geschäfte konnte der Mündel dem Dritten gegenüber iure civili als nichtig anfechten. Der Prätor gewährte ihm überdies wegen aller nachteiligen Geschäfte in integrum restitutio ob aetatem. Gegen den Vormund selbst stand ihm endlich neben der deliktischen actio de rationibus distrahendis wegen Unterschlagung von Mündelgeldern in duplum die infamierende actio tutelae (directa) auf Rechnungslegung und auf Schadenersatz zu Gebote. Die Haftung wurde durch dolus im Sinne jeder Verletzung von Treu und Redlichkeit begründet. Die Ausdehnung auf diligentia quam (quis) suis (rebus adhibere solet) war noch unter Nerva und Proculus streitig, nicht einmal in severischer Zeit grundsätzlich anerkannt. Dem Vormund selbst stand dieselbe Klage als actio contraria wegen Schadloshaltung für seine Auslagen zu.

Vermutlich ursprünglich durch den allgemeinen Begriff der negotiorum gestio gedeckt und daher nur mit derselben Klage (actio negotiorum gestorum) und auch damit erst ausgestattet, seitdem der Prätor das in der tutela steckende munus zu betonen für gut befunden hatte, verlangte die tutela allmählich schon darum besonderen Rechtsschutz, weil der Anspruch aus der gestio die Führung von Geschäften voraussetzte, dagegen versagte, wenn sich der Vormund der ihm obliegenden Verwaltung überhaupt entzog. Schon die „individualisierende Betrachtung der Rechtsstellung des gerierenden Tutors“ hätte daher die Abspaltung einer besonderen actio tutelae von dem gemeinsamen Stamme der gestio veranlassen müssen. Doch scheint gerade die Berücksichtigung dieses Falles auch der bereits verselbständigten actio tutelae zunächst fremd gewesen, erst durch das spätere Kaiserrecht (Mark Aurel) erfolgt zu sein. Für die Schaffung eines besonderen iudicium tutelae dürfte vielmehr die Absicht entscheidend gewesen sein, die Tutel als „besonders heiliges Offizium" zu charakterisieren, indem man die mit der actio rationibus distrahendis verbundene Infamie auf sie übertrug. Die Klage war anscheinend niemals wie die Mutterklage in factum konzipiert, sondern von Haus aus — bereits Cicero führt sie unter den actiones bonae fidei an — in ius konzipiert, ins Zivilrecht rezipiert. Die actio protutelae gegen den (nicht auch als contraria dessen), der als Vormund gehandelt hatte, ohne es zu sein, scheint erst in der Kaiserzeit ins Album Aufnahme gefunden zu haben.

Wahrscheinlich unter Claudius kam die satisdatio rem pupilli salvam fore auf, die man freilich auch schon umgekehrt als Vorläuferin der actio tutelae ansehen wollte, durch die sich der gesetzliche und der ohne Prüfung bestellte Vormund bei Übernahme des Amtes dem infantia maior selbst, sonst einem Sklaven des Mündels gegenüber unter Bürgenstellung für die ordentliche Verwaltung der Vormundschaft verpflichtete. Ein Senatsbeschluß aus der Zeit Trajans gewährte endlich dem Mündel (causa cognita) eine actio subsidiaria gegen die Behörde, die einen zahlungsunfähigen Vormund vorgeschlagen oder zahlungsunfähige Bürgen für ihn zugelassen hatte.

Alle diese Entwicklungen und Fortbildungen blieben zwar der Geschlechtsvormundschaft aus dem begreiflichen Grunde fremd, weil sie schon ein absterbendes Institut darstellte, als sie zur Ausbildung gelangten, weil sie die Umbildung der tutela aus einer potestas in ein munus nicht mehr mitmachte. Sie fanden dagegen auf die Kuratel analoge Anwendung. Nur stand dem und gegen den Kurator niemals eine actio tutelae (utilis), sondern stets nur die actio negotiorum gestorum zu. Doch war vielleicht die Eigenschaft der Partei als Kurator im einzelnen Fall irgendwie kenntlich gemacht. Um so mehr gilt das wohl vom (pro)curator.

Der gesetzliche Vertreter, der Tutor oder Kurator supplierte die fehlende Geschäftsfähigkeit des Pflegebefohlenen. Er handelte mit ihm oder für ihn. Aber er war kein (direkter) Stellvertreter. Er vermochte nicht mit unmittelbarer Wirkung für den Vertretenen zu handeln. Das war der Standpunkt des römischen Rechts auch auf dem Gebiete der freien Vertretung. Dieser leitende Grundsatz des römischen Vertretungsrechts, daß direkte Stellvertretung, Eintritt der Rechtswirkungen des (geschäftlichen und prozessualen) Handelns des Vertreters unmittelbar in der Person des Vertretenen ausgeschlossen, daß jede Vertretung nur indirekte, Interessenvertretung sei, wurde von den Juristen vielleicht schon seit Q. Mucius formuliert. Doch besaß dieser Grundsatz nur auf dem Gebiete des Zivilrechts — und auch hier nur annähernd — unbedingte Geltung. Für das prätorische Recht war er „nur in relativ geringem Maße und selbst in diesem Maße vielleicht nur als Reflexwirkung der zivilen Regel anerkannt".

Die verschiedene Stellung des Zivil- und prätorischen Rechts zu der Frage äußerte sich bereits in der Behandlung des nuntius (Boten) hier und dort, obwohl er nicht Stellvertreter im Rechtssinne war, nicht eine eigene Willenserklärung an Stelle des Geschäftsherren abgab, sondern nur dessen Willenserklärung als solche verlautbarte, überbrachte. Denn selbst diese Mitwirkung war bei den Formalgeschäften des ius civile (und bei gerichtlichen Handlungen) ausgeschlossen, nur bei den formlosen Geschäften des ius gentium zulässig.

Um so mehr war Stellvertretung bei Rechtsgeschäften des Zivilrechts versagt. Manzipation und Injurezessio konnten weder auf Seite des Erwerbers noch auf der des Veräußerers durch Stellvertreter abgeschlossen werden. Dasselbe galt für zivile Kontrakte und für deren zivile Tilgungsarten (acceptilatio, novatio u. a. m.), für familien- und erbrechliche Geschäfte. Der Vertreter erwarb das Recht, übernahm die Verpflichtung nur für sich selbst, mochte er die Erklärung im eigenen Namen abgeben oder auf den Namen des Vertretenen abstellen oder so fassen, daß der Vertretene als durch den Vertreter handelnd erschien. Nicht darauf kam es an, wer als Subjekt des Geschäfts bezeichnet war. Haftbar und berechtigt war stets nur, wer das Geschäft errichtet hatte. Der Formalkontrakt der Stipulation gestattete nicht einmal die Formulierung domino dari. Sie bewirkte Ungültigkeit der Vereinbarung überhaupt.

Der Prätor verhielt sich dagegen der direkten Vertretung gegenüber nicht grundsätzlich ablehnend. Bei den Rechtsgeschäften rein prätorischer Herkunft (bonorum possessio, receptum nautarum, Anstellung eines institor u. a. m.) gestattete er sie ohne weiteres. Aber auch bei zivilen Rechtsgeschäften gewährte er bisweilen dem Geschäftsherrn eine actio (utilis) aus dem Geschäfte des Vertreters. Nicht bloß bei Prozeßvertretung und im Verhältnisse zwischen Vormund und Mündel nach Beendigung der Vormundschaft, sondern, wenigstens im Notfall, auch aus Kontrakten des gewillkürten Vertreters, wenn dieser zahlungsunfähig geworden und die Aussonderung des Anspruchs aus seiner Konkursmasse das einzige Mittel war, den Vertretenen vor Schaden zu bewahren, sowie zugunsten von Soldaten. Dagegen grundsätzlich nicht aus Kontrakten des gewillkürten Vertreters gegen den Geschäftsherrn. Doch gewährt er hier in anderer Weise Abhilfe durch seine adjektizischen Klagen, durch die actio exercitoria und institoria, die der Prätor anscheinend von jeher (neben der eventuellen Klage gegen den Vertreter selbst) gewährte, gleichgültig ob der exercitor oder institor ein Gewaltunterworfener oder ein freier Geschäftsführer (persona extranea) war. Dagegen ist die Ausdehnung der actio institoria auf jeden durch einen Prokurator geschlossenen Kontrakt (utilis actio ad exemplum institoriae, actio quasi institoria) erst durch Papinian erfolgt, die actio de in rem verso utilis aus Geschäften Gewaltfreier gar erst justinianisches Recht.

Im großen und ganzen beherrschte demnach die Regel per liberam personam, quae iuri nostro subiecta non est, nihil nobis adquiri potest das Rechtsleben. Zugleich weist sie die Mittel, mit deren Hilfe sich selbst ein reich entwickeltes Verkehrsleben damit abfinden konnte: die Vertretung durch Hauskinder und Sklaven. Ein zweites Mittel von nicht zu unterschätzender Bedeutung bot die Möglichkeit des Besitzerwerbes durch den Prokurator (kraft Auftrages oder Genehmigung, nicht schlechtweg durch seine Anstellung), die, etwa im ersten Jahrhundert der Kaiserzeit allerdings nur für den dauernd bestellten Prokurator formuliert — die Ausdehnung auf den für den einzelnen Fall bevollmächtigten Vertreter scheint in severischer Zeit, auf die libera persona überhaupt erst durch Justinian erfolgt zu sein —, Traditionserwerb durch Vertreter gestattete. Vertretung des Veräußerers bei der Tradition war schon deshalb allgemein zulässig, weil formlose Verfügungen eines Nichtberechtigten über fremdes Vermögen durch Zustimmung des Berechtigten jederzeit wirksam wurden. Wahrscheinlich aus der stark entwickelten Kassenführung der Bankiers für Private entwickelte sich ferner mindestens seit Aristo die Regel, daß Darlehenshingabe auf fremden Namen dem Vertretenen die Darlehensklage verschaffe. Endlich war im griechischen Rechte direkte Stellvertretung unzweifelhaft anerkannt und auch in den griechischen Provinzen des Römischen Reiches (Ägypten!) im griechischen Verkehrsleben üblich. Ob hier auch im römischen Rechtsverkehr, muß trotz mancher anscheinend dafür sprechender Belege in ägyptischen Papyren mehr als zweifelhaft erscheinen. „Ein so direkter Widerspruch zwischen Theorie und Praxis kann in einem so fundamentalen Punkt nicht bestanden haben.“

Zweites Kapitel: Die Sachen.

Dem Rechtssubjekt, der Person, stand das Rechtsobjekt, die res, als Gegenstand der rechtlichen Herrschaft gegenüber. Die älteste Ordnung betrachtete das subjektive Recht weniger in seinen konkreten Beziehungen auf einzelne Lebensgüter — charakteristisch dafür der Mangel einer Bezeichnung für das Eigentum in der älteren Sprache — als vielmehr in seiner absoluten Erscheinung als generelle patriarchalische Gewalt des Hausvaters, „als ein Ganzes, von dem die einzelnen subjektiven Rechte nur Funktionen sind". Diese einheitliche Herrschaftsgewalt war die manus oder potestas des pater familias, ihr Objekt die familia (pecuniaque). Sie versagte jedoch als ausreichende Grundlage des Rechtssystems, seitdem die Beziehungen zwischen gleichberechtigten Individuen, die Obligationen, dem Begriffe der Herrschaft und Macht den der Verpflichtung gegen dritte außerhalb des Familienkreises stehende Personen in stets steigendem Maße zur Seite stellten. Damit ergab sich vor allem die Notwendigkeit, die Forderungen, die die ältere Systematik anscheinend noch nicht zum Vermögen rechnete, wenn sie auch sachlich wohl von jeher dazu gehörten, auch terminologisch diesem Begriff einzuordnen. Diese umfassendere Bedeutung des Vermögens liegt vielleicht schon dessen Bezeichnung als bona zugrunde, die die älteren Ausdrücke familia und pecunia bald verdrängte, in der Gesetzessprache freilich erst seit dem zweiten vorchristlichen Jahrhunderte nachweisbar ist.

Vor allem trug aber dieser „Erweiterung" des Vermögensbegriffes die allerdings erheblich jüngere Unterscheidung zwischen res corporales und incorporales Rechnung. Der erste, der, noch ohne den Ausdruck zu kennen, aber vielleicht schon in Anlehnung an eine bereits damals geläufige juristische Distinktion, darauf anspielt, ist Cicero. Ausführlich erörtert und wiederholt gebraucht wird sie erst von Gajus: corporales hae sunt quae tangi possunt velut fundus, homo, vestis, aurum, argentum ... incorporales sunt quae tangi non possunt, qualia sunt ea quae iure consistunt, sicut hereditas, usus fructus, obligationes quoquo modo contractae. Die Unterscheidung ist unlogisch. Sie ist, da die res incorporales Sachen im Rechtssinn überhaupt nicht sind, nicht eine Unterscheidung der Sachen, sondern der Bestandteile des Vermögens. Die Vermögensbestandteile wiederum, die Rechte, sind alle unkörperlich. Es ist daher eine Verwechslung des Rechts mit seinem Gegenstande, wenn man — das ist der Sinn der Unterscheidung — das Eigentum (und ursprünglich wohl auch die Servituten) als die absolute Herrschaft über die Sache, die deshalb mit der Sache selbst identisch erscheint, den übrigen Rechten gegenüberstellt. Immerhin hat die Unterscheidung ihren praktischen Wert, insofern sie die res corporales, die Gegenstände des täglichen Verkehrs, der sich regelmäßig in den Formen der Eigentumsübertragung bewegt, den außergewöhnlichen Verkehrsformen durch Begründung und Übertragung anderer Rechte gegenüberstellt.

Dieselbe Unvollkommenheit der Systematik begegnet übrigens auch sonst. Die heute übliche Gliederung der Rechte nach ihrem Inhalt war den Römern fremd. Selbst der Gegensatz zwischen dinglichem Recht und persönlichem Anspruch trat systematisch nur in der Einteilung der Klagen in vindicationes und actiones hervor. Noch Gajus stellte die Obligationen als eine Art der res incorporales auf eine Stufe mit Servituten und Erbrecht. Die Einteilung der Obligationen erschöpfte sich noch im klassischen Recht in der Gruppierung nach Kontrakt- und Deliktsobligationen. Auch die Unterscheidung der Kondiktionen nach ihrem Entstehungsgrund ist erst Kompilatorenwerk.

Die Unterscheidung von res corporales und incorporales

war also mit der in Sachen- und alle anderen Rechte identisch. An dieser Stelle ist daher nur von den res corporales zu handeln. Auch sie wiesen manche für die Privatrechtsordnung erheblichen Verschiedenheiten auf. Auszuscheiden sind vor allem die res extra commercium, die dem Privatrechtsverkehr entzogen waren und darum nur negativ, durch den Mangel der Fähigkeit, Gegenstand von Privatrechten zu sein, für die Rechtsordnung in Betracht kommen. Ihr Kreis stand von jeher fest. Es waren die res (nullius) divini iuris (res sacrae, sanctae, religiosae) und die res nullius humani iuris (res omnium communes, res publicae).

Ihnen standen die res in commercio, die fähig waren im Privateigentum zu stehen, gegenüber. Die Fähigkeit bedeutete noch nicht wirkliche Herrschaft. Auch die einzelne verkehrsfähige Sache konnte gegebenen Falls herrenlos (res nullius) sein. Das Recht an der oder auf die Sache konnte ferner verschieden geartet sein, je nachdem die Sache bestimmungsgemäß dem Verbrauch oder der Veräußerung diente (Nahrungsmittel, Kleider, Geld u. a. m., verbrauchbare Sachen, res quae usu consumuntur) oder nicht (unverbrauchbare Sachen). Nicht zu verwechseln damit ist die Unterscheidung in vertretbare (unrömisch sogenannte res fungibiles) und unvertretbare Sachen. Vertretbare Sachen waren res quae pondere numero mensurave constant, solche Sachen, die im Verkehr nicht als Stücke, sondern nur als Menge (Wein, Getreide u. a. m.), nach Maß, Zahl oder Gewicht bestimmt zu werden pflegten. Nicht alle vertretbaren Sachen waren verbrauchbar (ein Buch), nicht alle verbrauchbaren Sachen vertretbar (ein bestimmtes Faß Wein). Nahe verwandt, doch ohne sich damit zu decken, war der Gegensatz zwischen genus und species, zwischen Gattungssache und individuell bestimmter Sache. Die Vertretbarkeit oder Unvertretbarkeit einer Sache bestimmte deren Natur oder die Verkehrssitte, ob sie im einzelnen Fall als genus oder species zu gelten habe, ob den Gegenstand eines gegebenen Rechtsverhältnisses die ihrer Natur nach vertretbare Sache in ihrer individuellen Bestimmtheit oder die an sich unvertretbare Sache bloß nach ihrem Gattungsverhältnis zu bilden habe, die Parteiwillkür, die Vereinbarung der Beteiligten.

Von Bedeutung konnte auch sein, ob die Sache im Rechtssinn als einfach oder zusammengesetzt, als teilbar oder unteilbar, als Haupt- oder Nebensache anzusehen war. Eine einfache Sache war die, die eine natürliche Einheit bildete: unum quod continetur uno spiritu et Graece ἡνωμένον vocatur ut homo, tignum, lapis et similia. Zusammengesetzte Sachen, Gesamtsachen, waren jene, die aus der Vereinigung mehrerer Teile zu einem Ganzen entstanden waren: quod ex contingentibus, hoc est pluribus inter se cohaerentibus constat, quod συνημμένον vocatur ut aedificium, navis, armarium. Die universitas rerum cohaerentium erschien als eine einzige Sache. An den einzelnen Bestandteilen konnten besondere Rechte nur bestehen, soweit sie durch die Verbindung ihre selbständige Existenz nicht vollständig verloren und erst, nachdem sie ihre Selbständigkeit (wieder) erlangt hatten. Aus diesem Gesichtspunkt sind auch die organischen Erzeugnisse einer Sache zu beurteilen. Erst durch die Trennung von der „Muttersache" wurden sie selbständig und möglicher Gegenstand von Sonderrechten. Stellten sie sich als Ertrag, als Nutzen dar, den die Sache ohne Verringerung ihrer Substanz regelmäßig wiederkehrend, ihrer Bestimmung gemäß gewährte, so hießen sie Früchte (fructus). Diese Voraussetzungen fehlten dem Sklavenkind, quia non temere ancillae eius rei causa comparantur, ut pariant. Im weiteren Sinne (loco fructuum) rechnete man dagegen dazu auch den Ertrag, der nicht organisches Erzeugnis war, den Schlagwald (silva caedua), die Steine des Steinbruchs u. a. m., im übertragenen Sinne (fructus civiles) schließlich auch den Ertrag, den die Sache erst durch Vermittlung eines Rechtsverhältnisses abwarf, Zinsen, Mietgelder u. a. m.

Etwas anderes war die universitas rerum distantium, die Sachgesamtheit . . . ex distantibus constat, ut corpora plura (non) soluta, sed uni nomini subiecta, veluti populus, legio, grex. Das war keine körperliche Sache, sondern ein Begriff, der, ähnlich der juristischen Person, unabhängig war vom Wechsel der einzelnen Bestandteile. Die Sachgesamtheit konnte daher grundsätzlich auch nicht den Gegenstand einer sachenrechtlichen Herrschaft bilden. Nur aus Zweckmäßigkeitsgründen ließ man sie als einheitlichen Gegenstand der Vindikation oder eines Nießbrauches gelten. Im übrigen verloren die einzelnen Bestandteile hier nicht ihre selbständige Existenz, konnten sie vielmehr Gegenstand selbständiger Rechte sein.

Teilbar war eine Sache von Rechts wegen, wenn sie ohne (erhebliche) Wertminderung in wesensgleiche Teile (partes pro diviso, certae partes) zerlegt werden konnte: Grund und Boden (nicht wirklich, aber durch Grenzziehung); ein Stück Tuch (nicht ein Rock) u. a. m. Doch auch die unteilbare oder ungeteilte Sache konnte Gegenstand des Rechts mehrerer sein. Gestattete dieses Recht eine Teilung in der Weise, daß es jedem Beteiligten vollständig und selbständig, doch eben nur als Anteil, Bruchteil zustand, so sprach man von ideelen Teilen, von Quoten (partes pro indiviso): servus communis sic omnium est non quasi singulorum totus, sed pro partibus utique indivisis, ut intellectu magis partes habeant quam corpore.

Nebensache (Zubehör, Pertinenz) war eine körperlich selbständige Sache, die wirtschaftlich, nach der Auffassung des Verkehrs, einer anderen Sache, der Hauptsache untergeordnet (quae quasi pars aedium habentur) und zu ihrem bleibenden

Dienste bestimmt und eingestellt war: Hausschlüssel u. a. m. Darum ergriff im Zweifel jede rechtliche Verfügung über die Hauptsache auch die Nebensache, erstreckte sich dagegen die Herrschaft über die Hauptsache nicht notwendig auch auf die Nebensache.

Vom rechtsgeschichtlichen Standpunkt bedeutsam war vor allem die Einteilung der Sachen in res mancipi(i) und nec mancipi(i) sowie die in res mobiles und immobiles. Die Unterscheidung zwischen res mancipi und nec mancipi, die vornehmlich dem älteren Rechte seinen eigentümlichen Stempel aufdrückte, hat bereits in dessen Darstellung ihr Würdigung gefunden. Ihr Einfluß auf die Entwicklung des Eigentumsrechts überhaupt wird noch zur Sprache kommen. Der Kreis der res mancipi blieb seit seiner vermutlichen Einengung im Zusammenhange mit der sogenannten servianischen Verfassung unverändert. Er umfaßte die praedia in Italico solo, die servi, die quadrupedes, quae dorso collove domantur (boves, muli, equi, asini) und die iura praediorum rusticorum. Der Streit zwischen Sabinianern und Prokulianern, ob die genannten Vierfüßer sofort mit ihrer Geburt oder erst durch die Zähmung oder wenigstens erst durch Erreichung des entsprechenden Alters zu res mancipi werden, wurde schließlich zugunsten der Sabinianer geschlichtet. Die zunehmende Geldwirtschaft verdrängte den für die Naturalwirtschaft durchgreifenden Gegensatz immer mehr. Es blieb allmählich nichts mehr davon übrig, als daß quiritisches Eigentum an res mancipi bloß durch Manzipation (und in iure cessio) erworben werden könne.

Die Einteilung in res mobiles, in Sachen, die ohne Wesens- und Wertänderung von Ort zu Ort gebracht werden oder sich selbst bringen (res sese moventes: Sklaven, Tiere) können, und in res immobiles, res soli, Grundstücke samt Zubehör (Häuser, Bäume u. a. m.) gehört erst dem nachklassischen Recht an. Immerhin stellten schon die Zwölftafeln den fundus wenigstens hinsichtlich der Ersitzung den ceterae res gegenüber. Die Unterscheidung zwischen dem liegenden Gut und der Fahrhabe scheint freilich bei den Römern niemals die Bedeutung besessen zu haben, die ihr im germanischen Rechte zukam. Doch machten sich auch hier gewisse Besonderheiten geltend. Nicht so sehr der Unterschied zwischen beweglichem und unbeweglichem Gut als vielmehr die verschiedene Qualifikation des Grundes und Bodens war es aber vor allem, die auf die Entwicklung des römischen Sachenrechts bestimmend wirkte.

Das historische Recht kannte von Anfang an das Privateigentum an Grund und Boden (ager privatus [ex iure Quiritium]). Das ursprünglich vielleicht dem Familienverbande, später jedenfalls dem einzelnen (viritim) angewiesene (ager divisus et adsignatus) und bei dieser Gelegenheit gehörig vermessene Land (ager limitatus) mag einmal unveräußerlich gewesen sein. Dafür läßt sich der Mangel einer geeigneten Übertragungsform, die anfängliche Unanwendbarkeit der Manzipation darauf ins Feld führen. In historischer Zeit ist jedoch auch diese Schranke gefallen. Dagegen stand auch jetzt noch dem im Privateigentum befindlichen Grund und Boden das Gemeindeland (ager publicus [populi Romani]) gegenüber. Den Gemeindegenossen durch staatliche Verleihung (concessio) zur Rodung und Nutzung freigegeben (ager occupatorius) wurde es nicht von Amts wegen vermessen, nur durch Grenzzeichen, die der Okkupant selbst anbrachte, markiert (ager arcifinius, qui nulla mensura continetur). In der Kaiserzeit nahm seine Stelle in gewissem Sinne der Provinzialboden und schon vordem vielleicht der italische Boden ein, soweit er nicht von den fünfunddreißig Tribus umfaßt war. Auch dieser Boden war öffentliches Eigentum (dominium populi Romani vel Caesaris). Der einzelne hatte nur ein Nutzungsrecht daran (possessio vel ususfructus).

Aus diesen eigentümlichen Verhältnissen entwickelte sich der das klassische Recht beherrschende Gegensatz zwischen Besitz und Eigentum einerseits, zwischen quiritischem und bonitarischem (prätorischem) Eigentum andererseits.

Das Verhältnis des einzelnen zu dem ihm überlassenen Gemeindelande hieß von jeher possessio, womit (etymologisch) die (tatsächliche) Herrschaft über eine Sache sehr zutreffend charakterisiert war. Diese tatsächliche Herrschaft ließ man allmählich durch Erbgang von Todes wegen oder auch durch Veräußerung unter Lebenden auf einen Nachfolger des ersten Erwerbers übergehen. Schließlich sah man einen gewissen Zeitablauf (usus) als genügend an, das tatsächliche Verhältnis in ein Rechtsverhältnis, den Besitz in Eigentum, die possessio in dominium umzuwandeln. Auf die erfolglosen Versuche der Gesetzgebung, diesen Mißbräuchen im Interesse der Besitzlosen entgegenzutreten (lex Licinia, Sempronia usw.), ist hier nicht zurückzukommen.

Mit diesen Besitzverhältnissen am ager publicus bringt man vielfach die Entwicklung der römischen Besitzlehre in Zusammenhang. Die Rechtsform für den am ager publicus durch Okkupation erworbenen „Lehnbesitz" sei das precarium gewesen. Zum Schutze dieses Besitzes seien die Interdikte (uti possidetis, unde vi) geschaffen worden. Von hier hätten der juristische Besitz und der Besitzschutz ihren Ausgang genommen, indem man dieselben Erwägungen und Grundsätze zunächst auch auf den ager adsignatus und schließlich auf bewegliche Sachen habe Anwendung finden lassen. Die Annahme ist schon um ihrer Natürlichkeit und Einfachheit willen bestechend. Auch wird sie durch die Terminologie, durch die Bezeichnung des Verhältnisses als possessio hier und dort unterstützt. Trotzdem scheint sie eingehender Prüfung nicht standzuhalten. Die gleiche Terminologie beweist nichts, weil die Römer überhaupt gewohnt waren, mit denselben Wörtern sehr verschiedene Dinge zu bezeichnen. Die Identität des Lehnbesitzes mit dem precarium läßt sich nicht wahrscheinlich machen, geschweige denn beweisen. Die Quellenbelege, eine Stelle aus Ciceros dritter Rede de lege agraria und eine aus dem Werke des Festus, tuen nichts dar für die Eigenschaft des interdictum uti possidetis als Rechtsmittel zum Schutze der Possessoren von Gemeindeland. Vor allem sind aber die Interdikte als zweifellos prätorische Rechtsschöpfung, mag man sie noch so weit hinaufrücken, doch jedenfalls viel jünger als das Schutzbedürfnis des ager publicus. Auch waren sie anscheinend von Haus aus für privatrechtliche Verhältnisse bestimmt. Wie daher die Verleihung des Gemeindelandes Sache der Zensoren war, so unterstand vermutlich auch der Schutz der daraus entspringenden Verhältnisse ihrer Verwaltungspolizei. Möglich, ja sogar wahrscheinlich, daß dieser Schutz durch Interdikte erfolgte. Nur waren das weder die prätorischen Besitzschutzmittel noch auch das interdictum de loco publico fruendo, das später zum Schutze der Publikanen diente, die die Erhebung der vectigalia von den öffentlichen Ländereien gepachtet hatten. Denn wenn die Besitzinterdikte für den Besitzer von Gemeindeland geschaffen worden wären, hätten sie um so mehr auch diesen Pächtern zustehen müssen, hätte es darum umgekehrt nicht erst der Schaffung eines besonderen Interdikts für sie bedurft. Die Mittel zum Schutze der possessio am ager publicus waren wohl anderer Art und ließen in den überlieferten Rechtsquellen ebensowenig eine Spur zurück wie der ager publicus selbst, dessen letzte Reste wenigstens in Italien unter Domitian verschwanden.

Noch weniger historische Wahrscheinlichkeit besitzt die Anschauung Iherings, die den Rechtsschutz des Besitzes an die Verteilung der Vindizien im Eigentumsstreit (legis actio sacramento in rem) anknüpft. Damit soll nicht die von

Gajus und Ulpian ausdrücklich beglaubigte Tatsache in Abrede gestellt werden, daß die interdicta retinendae possessionis in der Folge dazu dienten, die Parteirollen und die Beweislast für den Eigentumsstreit zu verteilen. Nur die Entstehung des Besitzschutzes soll und muß aus diesem Zusammenhange gelöst werden. Wenigstens fehlt es für die Annahme, daß der Besitzprozeß jemals als Inzidenzstreit an Stelle der Verteilung der Vindizien vom Prätor in die legis actio eingeschoben worden sei, an jedem Beleg und an aller Wahrscheinlichkeit.

Nicht Vorbereitung oder Ergänzung, sondern Ersatz der Vindikation war vielmehr wohl der Entstehungsgrund des Besitzschutzes. In diesem Sinne mag der Rechtsschutz des Besitzes von Gemeindeland zwar nicht den Ausgangspunkt, aber eine naheliegende Analogie für den Besitzschutz abgegeben haben.

Anzuknüpfen ist an den Gegensatz zwischen quiritischem und prätorischem Eigentum. Quiritisches Eigentum, dominium ex iure Quiritium — der Ausdruck begegnet erst gegen Ende der republikanischen Zeit —, war wie jedes Recht ein Vorrecht des römischen Bürgers, nur an römischen Sachen möglich, nur nach den Grundsätzen des Volksrechts zu erwerben. Wer nicht römischer Bürger war oder nicht wenigstens römisches commercium besaß, konnte kein zivilgültiges Eigentum erwerben. Was nicht des römischen Eigentums fähig war, die res hostilis und vor allem der Provinzialboden, der vielleicht erst infolge der lex Sempronia als Eigentum des römischen Volkes und seit der Provinzialordnung des Augustus in den kaiserlichen Provinzen als solches des Cäsar galt, sofern er nicht durch kaiserliches Privileg mit ius Italicum ausgestattet war, konnte nicht römisches Eigentum werden. Auch die römische Sache wurde es nur durch zivile Erwerbsart. Was nicht quiritisches Eigentum war, das war lediglich in bonis, entbehrte des zivilen Rechtsschutzes. Das galt ebenso vom Eigentum des Fremden (dominium ex iure gentium), wie vom Eigentum am Provinzialboden (dominium provinciale) und von dem auf nicht zivile Art erworbenen Eigentum des Römers (rem in bonis habere). Nach all diesen drei Richtungen mußte der Prätor Abhilfe gewähren, indem er dieses mangelhafte Eigentum, das man im Gegensatze zum quiritischen bonitarisches, im Hinblick auf den prätorischen Rechtsschutz prätorisches nennen kann, mit Klagen ausstattete, die er teils den zivilen Rechtsmitteln zum Schutze des Eigentums nachbildete, teils frei erfand. Auf diese Aktionen ist noch zurückzukommen. Ihre Vorläufer aber waren vermutlich die Interdikte.

Trifft die Vermutung das Richtige, daß schon der nicht in die Tribus einbezogene italische Boden wie später der Provinzialboden als Staatsland galt, an dem der einzelne nicht ziviles Eigentum, sondern nur ein eigentumsähnliches Recht erwerben konnte, so darf man vielleicht in dem Rechtsschutze dieser Grundbesitzverhältnisse den Ausgangspunkt der prätorischen Besitzinterdikte erblicken. Die Einführung des interdictum uti possidetis ist wohl in die Zeit zu verlegen, in der die Vermehrung der Tribuszahl geschah, etwa in das fünfte Jahrhundert der Stadt, und zwar eher noch in dessen zweite Hälfte. Auf das allem Anschein nach jüngere Interdikt utrubi wird zum erstenmal in einer Plautinischen Komödie aus dem Jahre 554 angespielt. Älter sind vermutlich die beiden Interdikte unde vi und de precario. Das letztere nahm wahrscheinlich seinen Ausgang von dem Treuverhältnis zwischen Patron und Klienten, das ebenfalls dem zivilen Rechtsschutz entrückt, auf die „imperiale Hilfe" des Beamten angewiesen war. Das unde vi, das Abhilfe gegen gewaltsame Besitzentziehung gewährte, mochte eben darum, weil die Reaktion gegen handgreifliche Verletzung wohl auch auf dem

Gebiete des Besitzes zuerst wünschenswert erschien, noch vor dem uti possidetis als Ersatz der Vindikation zum Schutze des Grundbesitzes aufgekommen sein.

In gleicher Weise ließ dann vermutlich der Prätor diesen Besitzschutz dem Nichtrömer zur Sicherung seines „Eigentums", dem Römer zur Verteidigung seines nicht zivilen „Eigentums" angedeihen. Doch kann das alles freilich bloß als mehr oder weniger glaubhafte Vermutung gelten.

Was ist nun unter dem „Besitz" zu verstehen, dem diese eigentumsähnliche Stellung zukam, und welche Entwicklung hat er genommen? Besitz ist tatsächliche Herrschaft über eine Sache, tatsächliche Ausübung des Eigentumsrechtes, das tatsächliche Abbild des Eigentums. Darum mußte die Sache, die Gegenstand des Besitzes war, eine körperliche (bewegliche oder unbewegliche) sein. Besitz einer unkörperlichen Sache, die tatsächliche Ausübung des Inhaltes eines anderen Rechts als des Eigentums, sogenannter Rechtsbesitz war nur an gewissen Dienstbarkeiten (Servituten) möglich, soweit sie eben den res corporales beigezählt wurden.

Besitz fiel mit dem Eigentum zusammen, wenn die tatsächliche Herrschaft der Rechtslage entsprach. Der Eigentümer konnte zugleich Besitzer sein. Das mußte aber nicht der Fall sein. Dem tatsächlichen Herrschaftsverhältnis konnte die entsprechende Rechtsgrundlage überhaupt fehlen (Besitz am nicht römischen Boden) oder der Eigentümer hatte die tatsächliche Herrschaft nicht, weil er sich der Sache freiwillig (durch Vermietung, Hinterlegung, Verpfändung u. a. m.) begeben hatte oder weil sie ihm wider Willen (durch Diebstahl u. a. m.) abhanden gekommen war. Der Eigentümer mußte nicht Besitzer, der Besitzer nicht Eigentümer sein.

Besitzer war, wer die tatsächliche Herrschaft, das corpus der Sache hatte. Dieses und, wie die jüngste Forschung erwiesen hat, nur dieses tatsächliche Herrschaftsverhältnis, das materielle, körperliche Haben einer Sache ist es, das die Römer als naturalis (oder auch corporalis) possessio bezeichneten.

Dieses rein tatsächliche Verhältnis war durch die Rechtsordnung mit gewissen bedeutsamen Rechtsfolgen ausgestattet. Die eine schon gestreifte war der rechtliche Schutz des Besitzes als solchen durch die Interdikte, die andere noch näher zu würdigende die Möglichkeit, durch Ersitzung, durch Zeitablauf das tatsächliche Verhältnis in ein Rechtsverhältnis, Besitz in Eigentum umzuwandeln. Möglich, daß ursprünglich jede tatsächliche Herrschaft, mochte sie wie immer begründet worden sein, mit diesen Wirkungen ausgestattet war. Wahrscheinlich ist es nicht. Zu mindest wird wohl von jeher der deliktische Ursprung des Besitzes diese Rechtswirkungen ausgeschlossen haben. Dafür läßt sich vielleicht schon die uns bekannte älteste Fassung der Interdikte ins Treffen führen. Dafür kann man sich vielleicht auch auf das Verbot der Ersitzung für die res furtiva berufen. Jedenfalls unterschieden schon die republikanischen Juristen verschiedene genera possessionis und es leuchtet gewissermaßen von selbst ein, daß eine halbwegs vorgeschrittene Rechtsordnung den Besitz des Eigentümers oder dessen, der sich aus gutem Grunde dafür halten durfte, (bonae fidei possessor) anders behandeln mußte als den des Diebes (malae fidei possessor), den des Eigentümers anders als den des Verwahrers, den des Verwahrers wiederum anders als den des Pfandgläubigers, des Prekaristen oder Sequesters.

Es liegt nahe, die Unterscheidung auf das innere Verhältnis des Besitzers zur Sache abzustellen. Das entscheidende Kriterium scheinen die Quellen an die Hand zu geben, indem sie für den rechtlich geschützten Besitz neben dem corpus ein zweites Element, den animus (possidendi, rem sibi habendi) verlangen. Damit scheint eine natürliche und einfache Scheidung zwischen dem Besitz, der sich in der tatsächlichen Herrschaft, in dem corpus erschöpfte, und dem, wo diese tatsächliche Herrschaft in Eigentumsabsicht geübt wurde, zwischen „Detention" und „juristischem Besitz" gegeben.

Diese Theorie Savignys vermag sich jedoch nur schwer damit abzufinden, daß nicht bloß der Verwahrer, sondern auch der Pfandgläubiger — um nur zwei Haupttypen herauszugreifen — alieno nomine besaß, daß aber trotzdem nur jener, nicht auch dieser vom Besitzschutz ausgeschlossen war. Das damit zu erklären, daß nur der Pfandgläubiger, nicht auch der Verwahrer „abgeleiteten juristischen Besitz" habe, ist ein willkürlicher und schon darum wenig glücklicher Versuch. Andererseits war beispielsweise dem Pächter zwar auch der Besitzschutz versagt und doch fällt es schwer, ihn als Besitzer alieno nomine, mit animus rem alteri habendi, als Vertreter des Verpächters anzusehen. Denn wer besäße mehr im eigenen Interesse als er.

An sich befriedigender erscheint daher die geistreiche Theorie Jherings, daß der sogenannte animus possidendi lediglich den Willen bedeutete, die tatsächliche Herrschaft auszuüben, und daß nur ausnahmsweise auch solchen, die diesen Willen hatten, wie dem Pächter der Besitzschutz aus praktischen Gründen entzogen war. Nur freilich setzt sich auch diese Lehre bewußt, wenigstens zum Teile, mit der Auffassung der Quellen, namentlich des Paulus in Widerspruch. Begreiflicherweise, denn es hält schwer oder ist vielleicht gar nicht möglich, aus den Quellen ein einheitliches Bild der Besitzlehre, namentlich des animus possidendi zu gewinnen. Der Besitz war ein Produkt der Praxis. Die theoretischen Begründungen der späteren Juristen sind gleich den modernen Theorien nur Versuche, zu einer juristischen Konstruktion des Besitzes zu gelangen, zum Teile, namentlich soweit sie sich mit dem animus possidendi befassen, vielleicht nur philosophische Spekulationen.

Fest steht nur, daß der Prätor von Haus aus gewissen Besitzverhältnissen seinen Interdiktsschutz angedeihen ließ, anderen nicht. Aus dieser Unterscheidung entwickelte sich erst viel später die Theorie vom animus possidendi. Für den Prätor war anscheinend die Analogie des Eigentums maßgebend. Beweis dafür schon der Umstand, daß nur des (nicht notwendig „quiritischen") Eigentums fähige, nur körperliche Sachen Gegenstand, bloß eigentumsfähige Personen — nicht Sklaven und Hauskinder — Subjekte des Besitzes sein konnten: Possideri autem possunt, quae sunt corporalia. Qui in aliena potestate sunt ... possidere non possunt. Das Interdikt war Ersatz des fehlenden Eigentumsschutzes. Wo die Eigentumsklage versagte, weil das quiritische Eigentum fehlte, dort trat das Interdikt ein. Darum war anscheinend die causa possessionis, der Erwerbsgrund des Besitzes, das maßgebende Kriterium, das den Prätor zur Gewährung des Besitzschutzes veranlaßte. Darum bestimmten die äußeren Umstände, nicht die Willkür, der animus des Erwerbers sein Besitzverhältnis: nemo causam possessionis sibi mutare potest.

Der Interdiktsschutz war von Haus aus Ersatz des Eigentumsschutzes. Darum gleich ihm ursprünglich Deliktsschutz und nur relativer Schutz, nur gegen den begründet, der den Besitz verletzt hatte, nicht gegen jeden Dritten, und auch gegen ihn bloß, wenn er sich dadurch eines Deliktes schuldig gemacht, nicht umgekehrt nur ein Delikt des „Besitzers" vereitelt oder wett gemacht hatte. Deshalb waren wohl die drei vitia possessionis (vi, clam, precario), die nicht bloß schon die lex agraria vom Jahre 643 a. u. c., sondern bereits Terenz erwähnt, ursprünglicher Bestandteil der Interdikte. Als Schutz des „besseren" Besitzes frug das Interdikt umgekehrt im einzelnen Falle nicht danach, auf welchem Titel der Besitz beruhte, wenn er nur nicht dem Gegner gegenüber „fehlerhaft" erworben war. Darum kam die causa possessionis im Besitzschutzverfahren nur in Frage, soweit sie für diesen Umstand entscheidend war, den Erwerb vi, clam oder precario vom Gegner betraf: sufficit si rem corporaliter teneam. Auch in dieser Hinsicht schlug die Analogie der alten Vindikation durch. In diesem Sinne konnte auch der Dieb unter Umständen Besitzschutz genießen.

Dieselbe Tendenz erklärt endlich auch, daß gerade der Pfandgläubiger, der Sequester, der Prekarist, der Pächter des ager vectigalis und der Superfiziar und nur sie, die sogenannten „abgeleiteten Besitzer“ Savignys Besitzschutz genossen. Die bevorzugte Stellung des Pfandgläubigers rechtfertigte sich schon allein daraus, daß er ursprünglich (durch fiducia) regelmäßig die Rechte des Eigentümers erlangte, der doch wohl, mag nun der Grund des Besitzschutzes welcher immer gewesen sein, jederzeit statt des kräftigeren Eigentumsschutzes wie die actio Publiciana, so auch den Besitzschutz für sich in Anspruch nehmen konnte. Um so mehr bedurfte der Faustpfandgläubiger eines Rechtsschutzes als Ersatz der ihm fehlenden Vindikation, den ihm der Prätor in Gestalt der Interdikte gewährte. Ganz ebenso verlangte die eigentumsähnliche Stellung des Prekaristen, Staatspächters und Superfiziars einen die Vindikation ersetzenden Schutz durch die Interdikte. Ebenso bot für den Sequester, der eine im Eigentumsstreit verfangene Sache verwaltete, das Interdikt den geeignetsten Schutz. Wenn er dem Pächter umgekehrt versagt wurde, so war der Grund vermutlich eben der, daß sein Verhältnis zur Sache von Haus aus nur die Natur eines Forderungsrechts besaß, der sachenrechtlichen, eigentumsähnlichen Grundlage entbehrte.

Der auf eine iusta causa gestützte Besitz war zwar auch nur ein tatsächliches Verhältnis, eine res facti, aber an diese Tatsache knüpften, wenn nur gewisse Voraussetzungen gegeben waren, bedeutsame Rechtsfolgen an. Diese Voraussetzungen bestimmte das ius civile. Es versagte den Besitz Haussöhnen und Sklaven. Es entzog dem Unmündigen die Möglichkeit, Besitz ohne Ermächtigung des Vormundes zu erwerben und zu übertragen. Es verleugnete den Besitz der im Widerspruche mit dem Verbote von Schenkungen unter Ehegatten erworbenen Sachen. Es machte den Gewalthaber zum Besitzer dessen, was der seiner zivilen Gewalt Unterworfene erworben hatte. Es knüpfte an den Besitz die Wirkung der Ersitzung, der accessio possessionis. Nur der titulierte Besitz war daher possessio civilis.

Für den prätorischen Rechtsschutz kam dagegen nur die „relative" causa, nur das vitium possessionis gegenüber dem Gegner in Betracht. Er setzte nicht notwendig iusta, civilis possessio voraus: qualiscunque enim possessor, hoc ipso quod possessor est, plus iuris habet quam ille qui non possidet. Dieser Verschiedenheit trug die römische Terminologie Rechnung, indem sie der civilis possessio die possessio schlechtweg oder die possessio, quae locum habet in interdicto uti possidetis vel utrubi gegenüberstellte. Nur darf man diese terminologische Unterscheidung — possessio naturalis, p. civilis, p. schlechtweg — nicht schon in die Entstehungszeit des Besitzschutzes, in die Zeit der veteres verlegen wollen, sondern erst als ein Produkt der klassischen Rechtstheorie ansprechen. Andererseits schloß allerdings schon das republikanische Recht in gewissen Fällen, in denen das Zivilrecht der „civilis possessio" die Anerkennung versagte, auch den Interdiktsschutz aus. Vor allem verlor aber der Besitzschutz mit der zunehmenden Klagengewährung durch den Prätor für solche Fälle, die ursprünglich auf den Interdiktsschutz allein angewiesen waren, immer mehr seine selbständige Bedeutung als Klagenersatz und rückte allmählich in die Stellung eines provisorischen, bloß vorläufigen Besitzschutzmittels ein, dazu bestimmt, dem Besitzer die günstigere Beklagtenrolle für den Streit um das Recht, als dessen tatsächliches Abbild der Besitz erschien, zu sichern.

Besitz war tatsächliche Herrschaft über eine körperliche Sache. Er wurde daher erworben durch jede Handlung, die in dieser Absicht (animo) und mit diesem Erfolge (corpore) geschah: apiscimur possessionem corpore et animo neque per se animo neque per se corpore. Also nicht, wenn der Wille wegen mangelnder Willensfähigkeit überhaupt oder aus Mangel an Willen im einzelnen Fall oder infolge eines den Willen ausschließenden Irrtums fehlte. Dagegen dann, wenn die beiden Elemente zwar nicht beide von vornherein gegeben waren, aber nachträglich das eine zum anderen hinzutrat, durch Hinzutritt des animus zum corpus, wenn z. B. der Verwahrer durch Schenkung Eigentümer wurde (traditio brevi manu), durch Hinzutritt des corpus zum animus, wenn die Sache dem Erwerber erst später übergeben wurde. Nur eine scheinbare Ausnahme war es, wenn etwa der bisherige Eigentümer Verwahrer wurde und dadurch den Erwerber sofort zum Besitzer machte, obwohl er die Sache in seiner Gewahrsam behielt (heute sogenanntes constitutum possessorium). Nicht als Besitzausübung durch Stellvertretung wird man dieses Verhältnis Celsus zu Trotz anzusehen haben, sondern vielleicht eher als das Ergebnis zweier Rechtsvorgänge, einer Besitz(Eigentums)übertragung und einer sofort vollzogenen Rückgabe zu Verwahrungszwecken, die den Verwahrer jedenfalls des Besitzschutzes gegenüber dem neuen „Besitzer", aber auch jedem Dritten gegenüber beraubte, wenn seine wahre Stellung zur Sache auch nach außen erkennbar war.

Die tatsächliche Herrschaft, das corpus, war erlangt mit der Möglichkeit, über die Sache zu verfügen, durch Übernahme beweglicher Sachen, allenfalls schon durch die bloße Einigung mit dem bisherigen Besitzer, wenn sie bereits den Erwerber instand setzte, Gewalt über die Sache zu üben (longa manu traditio), durch Einführung in die unbewegliche Sache u. a. m. Darum auch schon „corpore alieno", durch die Herrschaft eines Gewaltunterworfenen, nach klassischem Recht auch durch die des procurator, durch die jedes Dritten, per extraneam personam, wohl erst nach justinianischem Recht.

Wurde der Besitz nur animo et corpore erworben, so ging er notwendig verloren, wenn auch nur eines der beiden Elemente abhanden kam: animo vel corpore. Nicht erst, wie ein berühmter Ausspruch des Paulus will, animo (vel corpore) contrario, aber doch erst, wenn das Verhältnis des Besitzers zur Sache freiwillig oder unfreiwillig so geworden war, daß es ihn der Verfügungsgewalt über die Sache, der tatsächlichen Stellung des Eigentümers beraubte, also wenn die Sache unwiederbringlich verloren war, wenn das Haustier den sogenannten animus revertendi verloren hatte, wenn ein anderes entlaufenes Tier nicht wieder eingefangen wurde, wenn eine ins Wasser gefallene Sache nicht gehoben wurde oder gehoben werden konnte, wenn ein Grundstück endgültig verlassen wurde (darum die Sommer- oder Wintertrift, saltus aestivi hibernique nicht schon durch das von der Jahreszeit verlangte Verlassen), mit einem Wort durch die Preisgabe der Sache. Darum nicht, wenn der Besitzer sich gegen den Verlust alsbald zur Wehr setzte, wenn er den, der sich ohne sein Wissen in den Besitz der Sache gesetzt hatte, alsbald entsetzte. Das galt namentlich auch, wenn die tatsächliche Herrschaft durch Vertreter ausgeübt wurde. Der Verlust des Besitzes, wenigstens unbeweglicher Sachen, trat auch hier erst ein, wenn der dominus sich, nachdem er davon erfahren hatte, passiv verhielt.

Der Besitzer genoß Besitzschutz. Als Angriff auf die Persönlichkeit gewährte jede Verletzung die actio iniuriarum, mochte das Verhältnis des Besitzers zur Sache welches immer sein. Der Pächter eines locus publicus hatte überdies ein Interdikt de loco publico fruendo, auch der gewöhnliche Pächter ein solches quod vi aut clam. Als eigentumsähnliches Verhältnis war jedoch der Besitz mit besonderen Schutzmitteln ausgestattet, mit den sogenannten interdicta retinendae possessionis wegen Besitzstörung, mit den sogenannten interdicta recuperandae possessionis wegen Besitzentziehung.

Zum Schutze gegen Störungen, gegen eine auf Dauer angelegte Besitzbelästigung dienten das interdictum utrubi für bewegliche, das uti possidetis für unbewegliche Sachen: Utrubi hic homo, quo de agitur, maiore parte huiusce anni nec vi nec clam nec precario ab altero fuit, quo minus is eum ducat, vim fieri veto. — Uti eas aedes, quibus de agitur, nec vi nec clam nec precario alter ab altero possidetis, quo minus ita possideatis, vim fieri veto. Beide waren, wie ihre Fassung zeigt, interdicta duplicia. Das uti possidetis entschied zugunsten dessen, der im Augenblicke des Erlasses des Interdikts Besitzer war, sofern er nicht im Verhältnisse zum Gegner fehlerhafter, vitiöser Besitzer war. Das utrubi verschaffte den Besitz dem, der im Laufe des letzten Jahres unter Anrechnung der Besitzzeit seines Vormannes (accessio possessionis) länger besessen hatte. Die Entscheidung ging auf Anerkennung des Besitzes, Verbot der Störung und Schadenersatz für die begangene Störung.

Zum Schutze gegen Entziehung des Besitzes dienten die Interdikte unde vi und de precario: Unde tu illum vi deiecisti aut familia tua deiecit, de eo quaeque ille tunc ibi habuit tantummodo intra annum, post annum de eo, quod ad eum qui vi deiecit pervenerit, iudicium dabo (nach Justinians Überlieferung). — Quod precario ab illo habes aut dolo malo fecisti, ut desineres habere, qua de re agitur, id illi restituas. Das unde vi fand nur auf unbewegliche

Sachen Anwendung und trat in zwei Formen auf, de vi cotidiana und de vi armata. Es sprach den Besitz dem zu, der längstens innerhalb des letzten Jahres durch den Beklagten, dessen Sklaven (oder Prokurator) gewaltsam seines Besitzes entsetzt worden war, sofern er ihn nicht selbst fehlerhaft vom Gegner erlangt hatte. De vi armata war es formuliert, wenn die Entsetzung vi hominibus coactis armatisve stattgefunden hatte, und dann ohne Rücksicht auf die Jahresfrist und selbst unbeschadet des fehlerhaften Erwerbes vom Gegner.

Das Interdikt de precario wurde dem gewährt, der den Besitz auf Widerruf verliehen hatte, wenn dem Widerrufe nicht Folge geleistet wurde. Der rekuperatorischen Natur des Interdikts scheint es zu widersprechen, daß der Kläger im Augenblicke der Gewährung des Interdikts gar nicht Besitzer war oder zu sein brauchte. Vermutlich war die Auffassung maßgebend, daß der Kläger jedenfalls Besitzer wurde, sobald der Entlehner ihm gegenüber durch seinen Ungehorsam fehlerhafter Besitzer geworden sei.

Man hat schließlich vielfach ein drittes rekuperatorisches Interdikt de clandestina possessione zur Rückforderung eines heimlich in Besitz genommenen Grundstückes vermutet. Möglicher-, ja vielleicht sogar wahrscheinlicherweise hat es einmal ein solches gegeben. Aber das Hadrianische Edikt wußte nichts mehr davon.

Das Interdikt schützte den Besitz und nur ihn, ihn aber ohne Rücksicht darauf, ob dem Besitz ein Recht entsprach oder nicht. Darum war dem Interdikt gegenüber die Berufung auf das Recht ausgeschlossen. Die Bedeutung der älteren rekuperatorischen Interdikte trat hinter jener der jüngeren interdicta retinendae possessionis, die im großen und ganzen denselben Erfolg verbürgten und überdies den Vorteil boten, daß der mit ihrer Hilfe wiedererlangte Besitz nicht als unterbrochen galt, immer mehr zurück. Nur gingen gerade sie auch auf die Erben über und es gab doch Fälle, in denen die anderen Interdikte versagten, weil der Besitz schon endgültig verloren war.

Mit der tatsächlichen Herrschaft wurde die rechtliche, mit dem Besitze zugleich Eigentum erworben, wenn der Erwerber Römer oder doch mit commercium ausgestattet, wenn die Sache des römischen Eigentums fähig und der Erwerb in einer volksrechtlichen Form erfolgt war. Diese rechtliche Herrschaft des Eigentümers war schon im alten Recht absolut geworden, insofern sie ihm das Recht gewährte, mit der Sache nach Willkür zu schalten (sogenannte positive) und jeden anderen davon auszuschließen (sogenannte negative Seite des Eigentums). Darin war zugleich die Unteilbarkeit des Eigentums eingeschlossen. Es konnte weder zwischen mehreren Personen geteilt sein, noch an Sachteilen bestehen. Eine Mehrheit von Eigentümern an derselben Sache war nur in Gestalt des Miteigentums (condominium) als communio pro indiviso, nach ideelen Teilen möglich, so daß zwar jeder über seinen Anteil verfügen, seine Quote veräußern, verpfänden, aber das Recht an der Sache nur in Gemeinschaft, in Übereinstimmung mit seinen socii ausüben oder durch Teilungsklage Auseinandersetzung begehren konnte. Nur war dieser Zustand auch im römischen Recht erst das Ergebnis einer längeren Entwicklung, die zu Labeos Zeit noch nicht abgeschlossen war.

Die erforderliche Qualifikation des Erwerbers und der Sache haben bereits ihre Erledigung gefunden. Als quiritische Erwerbsarten sind uns mancipatio, in iure cessio, adiudicatio und usucapio bereits aus der alten Zeit bekannt. Sie waren es auch jetzt allein, die durch Rechtsgeschäft unter Lebenden quiritisches Eigentum zu begründen vermochten. Manzipation, Injurezession und Adjudikation haben in keiner

Richtung mehr einen erheblichen Wandel durchgemacht. Die Usukapion, der Eigentumserwerb durch Zeitablauf hat dagegen in dieser Zeit wesentliche Verfeinerungen erfahren.

Trat die Wirkung der Usukapion ursprünglich vermutlich, von ausdrücklich, vor allem für die res furtiva normierten Ausnahmen abgesehen, in der Tat durch bloßen Zeitablauf ein, so war sie nunmehr jedenfalls durch das Zusammentreffen zweier weiterer Voraussetzungen bedingt. Der Zeitablauf (tempus) eines Jahres bei beweglichen, zweier Jahre bei unbeweglichen Sachen verschaffte das Eigentum an der eigentums- und darum ersitzungsfähigen Sache (res habilis) nur, wenn der Besitz (possessio) rechtmäßig (iusta causa) und redlich (bona fide) erworben war. Die iusta causa, der iustus titulus — ursprünglich wohl nur Kauf, bald auch andere abgeleitete Erwerbsgründe, Schenkung, Dotalbestellung, Vindikationslegat und schließlich auch originäre, wie Bemächtigung einer preisgegebenen Sache; pro empto, pro donato, pro dote, pro legato, pro derelicto u. a. m. — lag in dem durch die Rechtsordnung anerkannten Erwerbsgrunde, der an sich geeignet war, sofort Eigentum zu verschaffen, wenn die übrigen Voraussetzungen dafür vorlagen, wenn die erforderliche Erwerbsart (Manzipation) gebraucht worden war u. dgl. m. Die bona fides, der gute Glaube bestand in der entschuldbaren Unkenntnis dieser Mängel, in dem entschuldbaren Irrtum des Erwerbers, sofort Eigentümer geworden zu sein. In der Regel genügte es, wenn diese bona fides wenigstens im Augenblicke des Besitzerwerbes (initio possessionis) vorlag: mala fides superveniens non nocet.

Die erforderliche Zeit mußte ununterbrochen laufen (tempus continuum). Jede Unterbrechung (usurpatio) vereitelte den Erfolg, bedingte eine neue Ersitzung mit all deren Voraussetzungen. Die Unterbrechung trat nur durch Besitzverlust, nicht schon durch Anstellung der (Eigentums-)

Klage gegen den Besitzer oder durch Litiskontestation ein. Nur wurde der Beklagte, der etwa intra moras litis die Ersitzung vollendet hatte, trotzdem zur Herausgabe der Sache, bloß eben nicht allein zur Rückgabe (restituere), sondern zur Rückübertragung des Eigentums (remancipare) verurteilt.

In die erforderliche Zeit durfte der Besitzer unter Umständen die Besitzzeit seines Vormannes einrechnen. Der Singularsukzessor (Käufer u. a. m.) mußte die übrigen Voraussetzungen der Ersitzung in seiner Person aufweisen (accessio possessionis). Der Universalsukzessor (Erbe) vollendete nur die Ersitzung des Erblassers. Darum mußten auch die übrigen Voraussetzungen der Ersitzung schon (und nur) in dessen Person vereinigt sein, so daß der Erbe anderen Falls überhaupt nicht ersitzen konnte (successio possessionis). Das klassische Recht scheint jedoch nur die successio possessionis und auch sie erst verhältnismäßig spät anerkannt zu haben. Die accessio possessionis, die einfache Zeitanrechnung scheint dem klassischen Recht ohne Unterscheidung zwischen Singular- und Universalsukzession nur bei Berechnung der Jahresfrist für das Interdikt utrubi geläufig gewesen zu sein.

Ersitzungsfähig war nur die des quiritischen Eigentums fähige Sache. Darum nicht die res sacra, religiosa, das nichtitalische Grundstück u. a. m. Kraft positiver Vorschrift vor allem nicht die res furtiva, die schon die Zwölftafeln ausgenommen hatten, und der eine lex Plautia de vi (zwischen der Diktatur Sullas und der Verschwörung Catilinas) und abermals eine lex Iulia de vi Cäsars oder Augustus' die geraubte Sache gleichstellten. Als res furtiva galt jedenfalls seit der lex Atinia (aus dem Ende des sechsten oder Anfang des siebenten Jahrhunderts der Stadt) jede einmal gestohlene Sache, den Begriff im weiten Sinne des römischen furtum genommen, so lange, bis sie in die Hand des Eigentümers zurückgelangt war oder bis er wenigstens die Möglichkeit hatte, sie zurückzufordern.

Diese Ausnahme für die res furtiva und der Umstand, daß gerade die älteren Sonderformen der Ersitzung (usureceptio, usucapio pro herede und Ersitzung der von einer Frau ohne auctoritas tutoris durch Tradition erworbenen res mancipi, die Julian unter Hinweis auf eine sonst unbekannte constitutio Rutiliana zuließ) diese Erfordernisse nicht kannten, sprechen ja vor allem zugunsten der Annahme, daß iusta causa und bona fides erst später Voraussetzungen der Ersitzung wurden. Wann und in welcher Reihenfolge dies geschehen sein soll, ist freilich mehr als zweifelhaft. Die innere Wahrscheinlichkeit spricht dafür, daß die iusta causa der bona fides vorausgegangen, daß auch die iusta causa erst in der Zeit nach der lex Atinia erfordert worden und daß etwa das letzte Jahrhundert der Republik als Entstehungszeit dieser beiden Voraussetzungen anzunehmen sei.

Die Usukapion unterschied sich von den übrigen Eigentumserwerbsarten des bürgerlichen Rechts schon dadurch, daß dort Erwerb des Besitzes und des Eigentums zeitlich zusammenfielen und darum der Bedeutung des Aktes durch eine gewisse Publizität, eine Art öffentlicher Kontrolle (Zeugen der Manzipation, Mitwirkung der Behörde bei der Injurezessio und Adjudikatio) Rechnung getragen wurde. Ein zweiter Unterschied, den sie mit der Adjudikation gemein hatte und der zugleich ihren wesentlichen Rechtfertigungsgrund bildete, war der, daß sie dem Erwerber ein selbständiges und unabhängiges Recht verschaffte, gleichgültig, welches Recht der Vormann an der Sache und ob er überhaupt eins hatte, doch andererseits auch, ohne die rechtlichen Schicksale der Sache im übrigen zu berühren, daher z. B. ohne einen an der Sache bestehenden Nießbrauch zu zerstören. Die Ersitzung war eine originäre Erwerbsart, während Manzipation und Injurezession nur Rechte übertrugen, das Recht des Vormanns auf den Nachmann übergehen ließen, ein Recht nur und insoweit begründeten, wenn und als der Vormann eines hatte, derivative Erwerbsarten waren.

Dieselbe Unterscheidung griff für jene Erwerbsarten Platz, die zwar nicht quiritisches, aber doch prätorisches oder bonitarisches Eigentum schufen, für die Erwerbsarten des ius gentium. Dem derivativen Erwerbe dieser Art diente die Tradition, dem originären die Okkupation, Spezifikation, Verbindung, Vermischung, der Fruchterwerb, die amtsrechtliche Adjudikation und die longi temporis praescriptio.

Tradition ist formlose Übergabe einer Sache. Sie war ebenso Fremden wie Römern zugänglich, ebenso für „römische" wie für „nichtrömische" Sachen, für res mancipi wie für res nec mancipi geeignet, aber grundsätzlich nicht imstande, quiritisches Recht zu begründen. Doch wurde ihr auch diese Fähigkeit für res nec mancipi, natürlich bloß im Verkehr zwischen Römern, anscheinend schon früh zuerkannt. Sie war ihrer äußeren Gestalt nach Besitzübertragung und erfüllte darum ihren Zweck, wenn sie dem einen den Besitz des anderen verschaffte, sei es durch longa oder brevi manu traditio u. a. m., doch eben nur, wenn sie wirklich den Besitz, die tatsächliche Herrschaft gewährte, also zwar etwa schon durch Übergabe des Schlüssels zu dem Raum, in dem sich die zu übergebende Sache befand, aber nicht durch Übergabe eines beliebigen Schlüssels als bloßes Symbol der Herrschaft (sogenannte symbolische Tradition).

Als einfache Besitzübertragung gestattete sie, soweit Besitzerwerb durch Stellvertretung zulässig war, auch Vornahme durch Vertreter in Abwesenheit der Parteien, ließ sie Befristungen und Bedingungen zu. Andererseits konnte sie als Besitzübertragung verschiedenen Zwecken dienen. Sie geschah nicht bloß in der Absicht, dem Erwerber Eigentum zu verschaffen, sondern auch nur in der, ihn in der Eigenschaft eines Pfandgläubigers, eines Verwahrers zum Besitzer, zum juristischen Besitzer oder gar nur zum „Detentor" zu machen. Die Tradition konnte m. a. W. als Vollzugsakt, als Erfüllungsgeschäft der verschiedensten Geschäftszwecke, „Grundgeschäfte", auftreten. Sie konnte zum Vollzug von Kauf, Schenkung, Tausch, Darlehen oder auch von Pfand-, Verwahrungsvertrag u. a. m. dienen. Wesen und Zweck der Tradition wurden durch ihre causa bestimmt. Die noch immer unausgetragene Frage ist daher, ob und inwieweit die Wirksamkeit der Tradition durch ihre causa bedingt war.

Manzipation und Injurezession waren abstrakte Geschäfte. Sie übertrugen Eigentum, gleichgültig ob das Grundgeschäft (Kauf, Tausch u. a. m.), in dessen Vollzug sie geschahen, zu Recht bestand oder nicht, wenn nur der Veräußerer Eigentümer war. Die Ungültigkeit des Grundgeschäfts gab dem Veräußerer nur das Recht, die darum des rechtlichen Grundes entbehrende Eigentumsübertragung mit einer persönlichen Klage (condictio) anzufechten, die Rückübertragung des Eigentums zu begehren. Genügte nun auch für die Eigentumsübertragung durch Tradition die Gültigkeit des „dinglichen Vertrages", der „Einigung", Eigentum zu übertragen und zu übernehmen, die nur Veräußerungs- und Erwerbsfähigkeit der Parteien, Willensübereinstimmung und Eignung der Sache voraussetzte, oder war hier überdies Gültigkeit der causa erforderlich, so daß deren Mangel nicht bloß zur Anfechtung des Eigentumserwerbes berechtigte, sondern diesen von vornherein ausschloß, dem Veräußerer seine dingliche Klage, seine Vindikation erhielt? Die Frage wird bald bejaht (kausale Traditionstheorie), bald verneint (abstrakte Traditionstheorie). Die Quellen geben keine eindeutige Antwort. Es ist nicht unmöglich, daß sich tatsächlich beide Auffassungen nebeneinander Geltung verschafften, die freiere, die „abstrakte“ für das ius gentium, die strengere, die „kausale“ für die mit zivilrechtlicher Wirkung ausgestattete Tradition von res nec mancipi inter cives. Jedenfalls verdient es Beachtung, daß der Zwölftafelsatz, der Eigentum durch die Manzipation erst mit der Zahlung des Preises übergehen ließ, vielleicht zugleich für die Tradition ausgesprochen oder doch alsbald darauf ausgedehnt wurde, als ihr auch die Fähigkeit zuerkannt wurde, quiritisches Eigentum zu begründen. Dadurch erscheint die Tradition in dieselbe Abhängigkeit von ihrer (normalen) causa (emptionis) gebracht wie die urspünglich (als Kauf) kausale Manzipation. Ob damit ein der Tradition bis dahin fremdes Abhängigkeitsverhältnis geschaffen wurde, ob diese Abhängigkeit nur für die zivile Tradition bestand und ob sie in der Folge gelockert oder auch auf die Tradition des ius gentium erstreckt wurde, darauf verweigern die Quellen allerdings zuverlässige Antwort. Das ist jedoch nicht so schlimm, wie es auf den ersten Blick scheinen könnte. Der scheinbar schroffe Gegensatz der beiden Standpunkte wurde praktisch dadurch erheblich abgeschwächt, daß in dem derivativen Eigentumserwerb (durch Tradition) häufig zugleich ein originärer (durch redliche Vermischung u. a. m.) steckte, daß unter Umständen der Mangel der causa einen den Eigentumsübertragungswillen ausschließenden Irrtum bedeuten konnte und daß endlich die Ersitzung den Mangel in relativ kurzer Zeit zu heilen vermochte. Jedenfalls nicht zu verwechseln mit dieser Frage ist die andere, ob die causa traditionis ausdrücklich erwähnt werden mußte. Auch die kausale Tradition war hinlänglich fundiert, wenn die causa nur überhaupt aus den Umständen erschlossen werden konnte.

Okkupation ist der Erwerb einer herrenlosen Sache durch Besitzergreifung. Sie setzte also eine herrenlose Sache voraus. Das waren die res hostiles, die dem Feind abgenommenen und auf römisches Gebiet gebrachten Sachen unbeschadet des ius postliminii, soweit sie nicht als Kriegsbeute Staatseigentum geworden und als solches entweder vom Feldherrn den Soldaten zugewiesen oder durch die Quästoren stückweise veräußert (emptio sub corona) oder partieweise durch Versteigerung an Wiederverkäufer (sectores) begeben wurden. Ferner die res nullius, die im Meer entstandene Insel, wilde oder gezähmte Tiere, die den animus revertendi aufgegeben hatten — kein Jagdrecht, nur actio iniuriarum und Besitzschutz des Grundbesitzers gegen unbefugtes und verbotswidriges Betreten seines Grundes. Endlich die res derelictae, die vom Eigentümer freiwillig preisgegebenen, nicht etwa bloß verlorenen Sachen, deren Eigentum nach der Lehre der Sabinianer mit der Preisgabe, nach jener der Prokulianer erst durch die Besitznahme des Okkupanten verloren ging. Der iactus missilium, der Brauch, Geld unter das Volk zu werfen, bedeutete nicht Preisgabe zur Okkupation, sondern Tradition.

Zweifelhaft ist auch die römische Auffassung des Erwerbes eines Schatzes (the(n)saurus). Als Schatz galt eine Sache, die so lange verborgen oder vergraben war, daß niemand mehr sein Eigentum daran nachweisen konnte, deren Eigentum daher zwischen dem Finder und Grundeigentümer geteilt wurde. Der Erwerb war Okkupation, wenn man annimmt, daß er zunächst dem Finder zufiel und diesen bloß obligatorisch verpflichtete, mit dem Grundeigentümer zu teilen. Wahrscheinlich huldigte aber wenigstens das ältere Recht der entgegengesetzten Ansicht, daß der Schatz zunächst als Bestandteil der unbeweglichen Sache dem Grundeigentümer gehöre und dem Entdecker bloß einen Anspruch gegen ihn auf die Hälfte gewähre. Wenigstens erklärt dieser Standpunkt eher die Eigentümlichkeit, daß der Finder überhaupt keinen Anspruch hatte, wenn er ohne Zustimmung des Grundeigentümers Grabungen vornahm, und daß er umgekehrt seinen

Anspruch schon durch die Entdeckung erwarb, mochten auch andere den Schatz früher heben.

Spezifikation ist Verarbeitung einer fremden Sache zu einer neuen. Wer aus Trauben Wein, aus Metall ein Gefäß, aus Brettern einen Kahn macht, schafft etwas Neues, novam speciem facit. Die anscheinend ältere, von den Sabinianern vertretene Lehre sah den Eigentümer der alten auch als solchen der neuen Sache an; cuius materia sit, illius et res quae facta sit videtur. Die Prokulianer betonten die Neuheit der Sache, der Form (εἶδος) gegenüber der Materie (οὐσία) und sprachen sie dem Verfertiger zu, quia quod factum est, antea nullius fuerit . . . eius rem esse putant qui fecerit. Erst die Juristen der Severischen Zeit (Paulus u. a. m.) — ein angeblicher Ausspruch des Gajus ist offenbar interpoliert — strebten einen Ausgleich an, indem sie die neue Sache dem (redlichen?) Verfertiger zusprachen, wenn sie nicht mehr in ihre alte Form gebracht werden könne, sonst dem anderen. Ob in dem einen Falle der Eigentümer des Stoffes, im anderen der Arbeiter wenigstens einen persönlichen Anspruch (auf Schadenersatz oder wegen ungerechtfertigter Bereicherung) hatte, muß wenigstens als allgemeine Regel — nur die actio furti und condictio furtiva waren, wenn ihre Voraussetzungen vorlagen, zweifellos zuständig — zu mindest dahin gestellt bleiben.

Nicht so sehr Erwerb neuen Eigentums als vielmehr Erweiterung des schon bestehenden stellen die Fälle dar, die man unter dem Gesichtspunkte der Verbindung zusammenfassen kann. Das Eigentum setzt eine selbständige Sache voraus. Treten daher mehrere selbständige Sachen in eine solche Verbindung, daß sie nur mehr eine Sache bilden, so können sie nur mehr Gegenstand eines Eigentums sein. Das kann gemeinsames Eigentum der bisherigen Einzeleigentümer sein. Von diesen Fällen des Miteigentums infolge von Verbindung oder Vermischung fester oder flüssiger Körper — confusio und commixtio werden in den Quellen unterschiedslos für beide Fälle verwendet — zu einer neuen, den beiden früheren Sachen gleichartigen Sache, ist hier nicht zu handeln. Nur das sei bemerkt, daß fremdes Geld durch Vermischung mit eigenem in jedem Fall, unbeschadet der Verantwortlichkeit des Erwerbers, aus Verkehrsrücksichten (?), mit Rücksicht auf die Umlaufsnatur des Geldes (?) Alleineigentum des Erwerbers wurde. Anders bloß anscheinend bei rein zufälliger oder doloser Vermischung und sofern die Identität der einzelnen Stücke noch nachweisbar war. Wenigstens setzen die Quellen sehr häufig die Möglichkeit voraus, Geld zu vindizieren.

Die Verbindung konnte aber auch sonst Alleineigentum begründen. Das war der Fall, wenn die eine Sache Bestandteil (unrömisch: accessio) der anderen wurde, wenn die neue Sache nur einer der beiden früheren gleichartig war, wenn die eine Sache sich durch Hinzutritt der anderen lediglich erweiterte oder vergrößerte. Diese Erweiterung des Eigentums trat originär ein. Denn sie war unabhängig davon, wem das Eigentum an der hinzutretenden Sache zustand: res mea per praevalentiam alienam rem trahit meamque efficit. Sie konnte durch Verbindung zweier unbeweglicher, zweier beweglicher oder einer beweglichen mit einer unbeweglichen Sache stattfinden.

Das Eigentum an einer unbeweglichen Sache konnte sich durch Erweiterung des beherrschten Gebietes automatisch auf diese Erweiterung nur erstrecken, soweit das ursprünglich beherrschte Gebiet solcher Ausdehnung juristisch fähig war, also nur das am ager arcifinius, nicht auch das am ager limitatus. Gegeben war diese Möglichkeit durch den Einfluß öffentlicher Wasserläufe auf die Uferländereien: durch alluvio, die allmähliche, unmerkliche Anschwemmung von Erdreich, durch avulsio, die gewaltsame Losreißung eines Stückes Erdreich, das erst durch die feste Verbindung mit dem Ufer, an das es geschwemmt wurde, dem bisherigen Eigentümer verloren, dem neuen erworben wurde, durch Inselbildung (insula in flumine nata), die den beiderseitigen Anrainern das Eigentum der Insel bis zur Mitte des Flußbettes verschaffte, durch Verlassen des alten Flußbettes (alveus derelictus) nach derselben Regel. An den Ufern von agri limitati entstand durch diese Ereignisse zunächst herrenloses Land, das erst dem Okkupanten zufiel.

Wurde eine bewegliche Sache Bestandteil einer anderen, so erweiterte sich das Eigentum an der Hauptsache. Die Frage der Entschädigung für den bisherigen Eigentümer der Nebensache regelte sich im wesentlichen nach den zuvor für die Spezifikation angedeuteten Grundsätzen. Ob eine und welche der beiden vorher selbständigen Sachen durch die Verbindung Bestandteil der anderen werde, entschieden nicht juristische Regeln, sondern wirtschaftliche Erwägungen und die Anschauungen des Verkehrs. Als Hauptsache galt bald die, ohne die die andere nicht bestehen kann (Pergament und Schrift), bald die, die dem ganzen Ding den Namen gibt (Wagen und Rad, Ring und Stein), bald (vielleicht schon nach klassischem Rechte) die, die den größeren Wert darstellt (Bild und Tafel). Die Rechtswirkung der Akzession war überdies, doch vielleicht erst unter den philosophischen Einflüssen der Kaiserzeit, verschieden, je nachdem die Verbindung lösbar war oder nicht. Nur die unlösbare Verbindung (z. B. ferruminatio) gab dem Eigentümer der Hauptsache ein dauerndes, unentziehbares Recht. Die lösbare (z. B. adplumbatio) gestattete dem früheren Eigentümer der Nebensache, sie nach Lösung der Verbindung wieder in Anspruch zu nehmen (rei vindicatio), unter Umständen sogar, die Trennung zu begehren (actio ad exhibendum). Die rechtliche Konstruktion dieses Anspruchs, ob ein Ruhen oder ein Wiederaufleben des Eigentums angenommen wurde, ist allerdings aus den Quellen nicht sicher zu erschließen.

Für die Verbindung beweglicher mit unbeweglichen Sachen galt anscheinend von alters her der Satz: superficies solo cedit. Säen, pflanzen, bauen auf fremdem Grunde, satio, (im)plantatio, inaedificatio machten den Grundeigentümer zum Eigentümer der keimenden Saat, der wurzelschlagenden Pflanzen, des verbauten Materials. Die Möglichkeit, Trennung zu begehren und dadurch wieder zu seinem Eigentum zu kommen, war dem Materialeigentümer schon durch die Zwölftafeln versagt, die ihm eine actio de tigno iuncto nur zum Ersatze des doppelten Wertes gegen den Bauherren, nach der Interpretation anscheinend auch gegen den Eigentümer, doch auch sie von vornherein oder nach der späteren interpretatio nur gewährten, wenn ein furtum vorlag. Bloß das aus der Verbindung gelöste Material durfte der frühere Eigentümer vindizieren.

Nur eine Erweiterung der ursprünglichen Sache waren auch deren Erzeugnisse. Darum war der Eigentümer der „Muttersache" grundsätzlich auch Eigentümer der Erzeugnisse, selbst wenn sie durch Trennung selbständig geworden waren. Nur die Früchte waren zwar als Bestandteile der Hauptsache (fructus pendentes) mit dem Eigentum daran verbunden, konnten aber durch ihre Verselbständigung auch Gegenstand besonderer Rechte werden. Den ersten Anlaß dazu boten vermutlich die eigentumsähnlichen Verhältnisse am ager publicus, am nichtrömischen Boden. Wie später der Pächter des ager vectigalis und nach byzantinischem Rechte der Emphyteuta, so erwarb vermutlich schon ehedem der „Quasieigentümer" solcher Grundstücke quiritisches Eigentum an den Früchten sofort mit ihrer Trennung (separatio), der vertragsmäßige Pächter dagegen nur und erst durch ihre vertragsmäßige Gewinnung, nicht schon durch jede Gewinnung (perceptio), sondern nur im Einklang mit dem Vertragswillen des Verpächters (traditio). Erwerb durch Separation wäre auch der Stellung des Nießbrauchers am angemessensten und vielleicht war das auch einmal Rechtens. Seit Julian ist es jedenfalls feststehende Lehre, daß der Nießbraucher erst durch Perzeption Eigentümer der Früchte werde. Erst frühes Kaiserrecht ist anscheinend auch der Fruchterwerb des redlichen Besitzers der Hauptsache schon durch Separation, wobei es nach Julian nur auf die Redlichkeit im Augenblicke des Besitzerwerbes der Hauptsache, nach der herrschenden Auffassung dagegen auf den Zeitpunkt der Separation ankam. Vordem erwarb er auch die Früchte wie die Hauptsache selbst erst durch Ersitzung. Doch immer galten diese Grundsätze nur für wirkliche Früchte (fructus naturales). Die Gleichstellung anderer Erträgnisse (fructus civiles) äußerte ihre Wirkung nur im Schuld-, nicht im Sachenrechte.

Wie die adiudicatio im legitimen Prozeß quiritisches Eigentum, so schuf die adiudicatio des amtsrechtlichen Verfahrens prätorisches. Eine gleiche Analogie fand die usucapio in der longi temporis praescriptio, doch anscheinend erst in einer späteren Periode. Wenigstens besitzen wir als frühestes Zeugnis dafür nur ein Reskript der Kaiser Septimius Severus und Antoninus Caracalla (199) und alles spricht dafür, daß sie kaum in viel ältere Zeit zurückgehen dürfte.

Wenn auch seiner Natur nach ein dauerndes Recht, so konnte das Eigentum doch auch zerstört werden, teils überhaupt in seinem Gegenstande, wenn er zugrunde ging (Tod eines Sklaven, Spezifikation, Akzession) oder die Eigentumsfähigkeit verlor (res extra commercium, Verlust des animus revertendi, Freilassung, postliminium), teils nur für den derzeitigen Eigentümer, so oft das Eigentum durch Rechtsgeschäft oder aus anderen Gründen an einen anderen überging.

Solange das Eigentum jedoch bestand und von der Rechtsordnung anerkannt war, genoß es Rechtsschutz. Als Besitzer stand dem Eigentümer jedenfalls der Besitzschutz zu Gebote. Als quiritischer Eigentümer hatte er die rei vindicatio gegen jeden Dritten, der ihm die Sache vorenthielt, die actio negatoria gegen jeden, der ihn durch Anmaßung eines Rechtes in der Ausübung seines Rechtes störte. Auf die prozessuale Gestalt der Vindikation, ehedem legis actio sacramento in rem, dann actio per sponsionem und formula petitoria, ist hier nur insoweit zurückzukommen, als sie auf das materielle Recht zurückwirkte. Im Legisaktionenprozeß war die Eigentumsklage Streit um das Eigentum, durchzuführen nur gegen den, der durch contravindicatio das Eigentum für sich in Anspruch nahm. Mit der rechtlichen Anerkennung der tatsächlichen Herrschaft als solcher, mit der Möglichkeit, eine fremde Sache auf Grund eines Sachen- oder Vertragsrechts kraft Rechtens zu besitzen, ergab sich die Notwendigkeit, dem Eigentümer die Klage auch gegen den Besitzer zu gewähren, der die Sache aus solchem Grunde für sich in Anspruch nahm.

Die Vindikation war nunmehr Klage des „nicht besitzenden Eigentümers" gegen den „besitzenden Nichteigentümer". Es machte jedoch einen Unterschied, ob der Beklagte „juristischer Besitzer" oder „Detentor", „Detentor" des Klägers oder eines anderen war. Einlassen auf die Klage (defendere) konnte sich grundsätzlich — eine Einschränkung wird sich alsbald ergeben — jeder Besitzer. Andererseits bestand Einlassungszwang bei der vindicatio als actio in rem in keinem Falle. Die Frage ist nur, ob Verweigerung der Einlassung für jeden Besitzer die bekannten nachteiligen Folgen, namentlich Übertragung des Besitzes an den Kläger, nach sich zog. Verweigerte der Beklagte die Einlassung mit Berufung auf ein ius in re aliena (Nießbrauch u. a. m.), so konnte es zur Besitzübertragung nur kommen, wenn er auch die Übernahme der durch solchen Einwand begründeten actio negatoria ablehnte. Berief er sich auf Pfandrecht, Superfizies, Vektigalrecht, so lag Verweigerung der Einlassung erst vor, wenn er die Übernahme des Prozesses trotz Einschaltung einer entsprechenden exceptio in die Formel verweigerte. Lehnte er die Einlassung deshalb ab, weil er lediglich im Namen eines anderen (als Verwahrer, Mieter usw.) detiniere, so konnte der Kläger allerdings Besitzübertragung begehren. Nach der Ansicht einzelner Juristen (Pegasus!) mußte der Kläger dem Detentor gegenüber dieses Begehren anscheinend sofort stellen, scheint dem Detentor überhaupt die Einlassungsmöglichkeit gefehlt zu haben. Jedenfalls stand es aber dem Kläger in solchem Falle frei, seine Klage unmittelbar gegen den „Besitzherren“, gegen den auctor zu richten. Vielleicht konnte der belangte Detentor auch vorläufige „Entbindung“ von der Klage durch den Prätor erwirken, wenn er sich durch Kaution verpflichtete, den Auktor in angemessener Frist vor Gericht zu stellen. Das eigentümliche Institut der sogenannten nominatio auctoris kam freilich erst viel später zur Ausbildung. Machte der Beklagte endlich geltend, daß er im Namen des Klägers selbst, als dessen Mieter usw. detiniere, so war der Kläger in der Tat auf dieses Vertragsverhältnis gewiesen, zum Verzicht auf die Vindikation genötigt, weil sich in solchem Falle die Haftung des Beklagten für Schadenersatz und Früchte nach dem Vertragsverhältnisse bestimmen mußte. Zog der Kläger selbst diesen Anspruch in Frage, so versagte auch die Vertragsklage und es blieb dann wohl — die Quellen schweigen darüber — auch hier nichts übrig als Besitzüberweisung, soweit sie mit dem vom Beklagten behaupteten Rechtsverhältnis in Einklang zu bringen war.

Die rei vindicatio war also im wesentlichen Klage des (quiritischen) Eigentümers gegen den (juristischen) Besitzer auf Herausgabe der Sache. Darum mußte der Kläger vor allem (in iudicio) sein Eigentum beweisen, sein Recht und die Identität der Sache, daß die Sache, deren Herausgabe er begehrte, eine solche und die sei, an der ihm Eigentumsrecht zustehen konnte und wirklich zustand. Dadurch waren unkörperliche Sachen und körperliche Sachen, die und solange sie bloß Bestandteil einer anderen Sache waren, ausgeschlossen. Als unkörperliche Sachen auch Sachgesamtheiten, universitates rerum distantium. Die juristische Konstruktion der vindicatio gregis, die gerade nur für die Herde zugelassen war und bei der es sich wohl nur um zusammenfassende Vindikation der einzelnen Stücke und um bedingte Erleichterung des Beweises des Eigentums an den einzelnen Stücken gehandelt haben dürfte, ist nicht deutlich erkennbar.

Zu beweisen war das quiritische Eigentum: Eigentumsfähigkeit des Klägers (und der Sache), die geeignete Erwerbsart und der entsprechende Erfolg, den nur ein originärer Erwerb (Usukapion) verbürgte, ein derivativer bloß, wenn auch der Vormann quiritischer Eigentümer war (nemo plus iuris transferre potest quam ipse habet), der es wiederum nur sein konnte, wenn es sein Vormann war, und so fort in infinitum, bis auf einen originären Erwerb gestoßen wurde („probatio diabolica“).

Nicht notwendig war dagegen ein besonderer Beweis des Besitzes des Beklagten. Denn die Übernahme des Prozesses durch den Beklagten enthielt der Sache nach auch schon das Zugeständnis des Besitzes. Darum bedurfte es auch nicht erst der actio ad exhibendum, um den Beklagten als Vorbereitung, zum Zwecke der Litiskontestation des Vindikationsprozesses zur Vorführung der Sache vor den Prätor zu zwingen. Dessen bedurfte es vielmehr nur, wenn der Kläger wegen Verweigerung der Einlassung durch den Beklagten Überweisung des Besitzes der in iure vorgewiesenen Sache begehren wollte.

Andererseits konnte das Zugeständnis des Besitzes dessen Mangel nicht ersetzen. Wer den Prozeß übernahm und gleichzeitig erklärte, nicht Besitzer zu sein, konnte darum nur als Vertreter des Besitzers in Betracht kommen, mit dem sich der Kläger bloß einließ, wenn die prozessuale Sachlage ihm Erfolg gegenüber dem wirklichen Besitzer verbürgte. Wer den Prozeß übernahm, weil er sich für den Besitzer hielt, mußte trotzdem mangels Besitzes absolviert werden. Wer sich arglistiger Weise für den Besitzer ausgab, ohne es zu sein, qui liti se optulit, cum rem non possideret, konnte aus demselben Grunde nicht verurteilt werden, weil sich die Vindikation eben nicht gegen die Person, sondern gegen die Sache richtete, actio in rem war. Nur die clausula doli seiner Prozeßkaution machte ihn haftbar: quamvis absolutus sis, de dolo malo tamen teneberis. Darum entging schließlich auch der, der sich dolos des Besitzes begeben hatte, qui dolo desiit possidere, der Verurteilung auf Grund der Vindikation. Als Nichtbesitzer konnte er sogar die Litiskontestation ablehnen. Nur entzog er sich nicht den Folgen der unterlassenen Defension (interdictum quem fundum, actio ad exhibendum), die auf diesen Fall besonders zugeschnitten war. Übernahm er aber den Prozeß, so wurde er als einer qui liti se optulit aus der Dolusklausel der Prozeßkaution haftbar. Die Vindikation selbst aber war nur gegenüber dem wirklichen Besitzer von Erfolg begleitet. Der sogenannte fictus possessor war zwar schon nach klassischem Rechte dem Eigentümer haftbar, doch erst nach späterem Rechte mit der vindicatio selbst belangbar.

Auch gegenüber dem wirklichen Besitzer unterlag der Kläger trotz Beweises seines Eigentums, wenn dem Beklagten eine Einrede zur Seite stand, die ihn auch dem Eigentümer gegenüber berechtigte, die Sache derzeit (exceptio usus fructus, pigneraticia u. a. m.) oder dauernd (exceptio rei venditae et traditae) zu behalten. Auf diese Weise schützte der Prätor vor allem den, der eine res mancipi durch einfache Tradition erworben hatte, indem er ihm gegenüber dem quiritischen Eigentümer, der ihm die Sache derart übertragen hatte, die sogenannte exceptio rei venditae et traditae gewährte, die Jurisprudenz und Praxis dann auch bei Sondernachfolge auf der einen oder anderen Seite zuließen.

Eine exceptio doli, nimmt man ferner vielfach an, habe dem Beklagten auch den Ersatz der Verwendungen gesichert, die er auf die Sache gemacht hatte, indem er mit Berufung darauf die Herausgabe der Sache verweigern, ein Zurückbehaltungsrecht geltend machen konnte. Allein der Erfolg dieser wie jeder Einrede müßte der gewesen sein, daß sie dem Beklagten nicht bloß den gewünschten Ersatz verschaffte, sondern überhaupt zur Abweisung der Klage führte. Darum ist es wahrscheinlicher, daß dieser Anspruch des Beklagten, dem eine selbständige Klage versagt war, auch ohne Einrede im arbitrium des iudex Berücksichtigung fand. Nur scheint der Anspruch, seit er überhaupt, vermutlich aus dem Dotalrecht übernommen, wohl erst in der Kaiserzeit, doch schon vor Hadrian anerkannt war, im klassischen Rechte bloß dem redlichen Besitzer und auch ihm nur für sogenannte impensae necessariae und utiles (gegen Aufrechnung der ihm verbleibenden Nutzungen) zugestanden worden zu sein, während impensae voluptuariae auch ihm bloß ein ius tollendi (ohne Schädigung der Sache) gewährten.

Mit der Sache war zugleich alles herauszugeben, was mit dem Eigentum an der Sache zusammenhing (res cum sua causa), vor allem auch die Früchte. Dabei ergab sich von selbst eine Unterscheidung zwischen den vor und nach der Litiskontestation gezogenen Früchten. Auch mußte es einen Unterschied machen, ob sie noch vorhanden (fructus extantes) oder schon verzehrt (fructus consumpti, percepti) waren oder gar nur bei sorgsamer Wirtschaft hätten gezogen werden können, aber tatsächlich nicht gewonnen wurden (fructus percipiendi, neglecti). Auch in dieser Hinsicht griff der Charakter der Vindikation als actio in rem, als Klage gegen den Besitzer durch. Sie versagte auch bezüglich der Früchte, soweit sie der Beklagte, den Zeitpunkt der Litiskontestation zugrunde gelegt, nicht mehr besaß. Für die seit der Litiskontestation gezogenen Früchte hafteten dagegen schon die praedes litis ac vindiciarum der Legisaktion, an deren Stelle im Verfahren per sponsionem die cautio pro praede l. a. v. trat. Sie gab dem Sieger Anspruch auf Herausgabe dieser Früchte oder auf Ersatz ihres doppelten Wertes, ohne daß für eine Unterscheidung zwischen fructus extantes und percepti (und percipiendi?) Raum gewesen wäre. Denselben Erfolg erzielte das durch cautio iudicatum solvi sichergestellte arbitrium des iudex im Verfahren mit formula petitoria. Für die Zeit vor der Litiskontestation konnte nur eine schuldrechtliche Haftung Platz greifen, die sich auf das persönliche Verhalten, auf ein Delikt (Diebstahl), auf die mala fides des Beklagten stützte. Darum war es seit der Unterscheidung zwischen bona und mala fides des Besitzers möglich, den unredlichen Besitzer auch für die Früchte dieser früheren Zeit haftbar zu machen, doch anscheinend nur für fructus extantes und percepti und nicht durch die Vindikation, sondern nur durch besondere Klage.

Dieselbe Unterscheidung machte sich seitdem bei Entscheidung der Frage geltend, ob und inwieweit der Beklagte für den Untergang oder für die Verschlechterung der Sache selbst in der Zeit zwischen Litiskontestation und Urteil verantwortlich sei. Den redlichen Besitzer machte nur sein Verschulden haftbar, den unredlichen traf auch der Zufall, weil er schon durch die Litiskontestation in Verzug (mora) kam. Bloß auf einem Mißverständnisse beruht die lang und weit verbreitete Lehre, daß durch die Litiskontestation jeder Besitzer unredlich wurde: qui sine dolo malo ad iudicium provocat, non videtur moram facere.

Bestritt der Beklagte nicht das Eigentum des Klägers, sondern nahm er nur ein Recht an der Sache (Servitut, Nießbrauch u. a. m.) für sich in Anspruch, so war nicht die rei vindicatio, sondern die „Bestreitungsklage", die actio negatoria am Platze: N° N° ius non esse eo fundo q. d. a. uti frui invito A° A° u. a. m. Sie stand auch dem besitzenden Eigentümer zu. Denn nicht schon die Berühmung des anderen, daß ihm eine Servitut zustehe, begründete zwar die Klage, sondern erst die tatsächliche Anmaßung des Rechtes, sie aber, mochte dadurch auch der Sachbesitz des Beklagten unberührt bleiben. Dem Kläger oblag der Beweis, daß das angemaßte Recht nicht bestehe. Die Frage ist allerdings von den Quellen in Zweifel gelassen. Zum Teil behauptet man daher das Gegenteil, weil eine Vermutung zugunsten der Freiheit des Eigentums spreche. Zum Teil will man unterscheiden, je nachdem sich der Belangte im Besitz des angemaßten Rechts befand oder nicht. Der Erfolg der Klage war Herausgabe der Sache, wenn sie der angeblich Berechtigte (Nießbraucher) in seinem Besitz hatte. Mangels dieser Voraussetzung, also wenn es sich um eine Servitut handelte, scheint die Restitutionsklausel der Formel von vornherein gefehlt zu haben. Außerdem (im letzteren Fall nur) ging die Klage auf Schadenersatz (quanti ea res erit, tantam pecuniam . . . condemna). Überdies mußte sich der Belangte verpflichten, weitere Störungen zu unterlassen (cautio de non amplius turbando).

Neben und an Stelle der actio negatoria bestand eine formula prohibitoria (A° A° ius esse prohibendi N^m N^m etc.), anscheinend zum Schutze gegen „tatsächliche" Störungen, gegen die Anmaßung solcher „Servituten", die nicht auf dem Boden des Zivilrechtes standen, sondern nur die tuitio praetoris genossen.

Nur unvollkommen unterrichtet sind wir über den Rechtsschutz des nichtquiritischen Eigentümers. Der Besitzschutz reichte, mochte er ihm auch zu Gebote gestanden haben, vielleicht sogar zunächst auf ihn zugeschnitten gewesen sein, jedenfalls auf die Dauer nicht aus. Auch die exceptio rei venditae et traditae bot, zumal sie nur als Verteidigungswaffe in Betracht kam, ungenügenden Schutz. Doch enthielten diese beiden Formen des Rechtsschutzes bereits fruchtbare Keime, aus denen der Prätor bald die wirksamere actio Publiciana in rem entwickelte. Ihre Entstehungszeit ist unsicher. Jedenfalls setzte sie die formula petitoria bereits voraus und läßt sie sich nicht über Sabinus hinaus verfolgen. Sie war eine der formula petitoria nachgebildete actio ficticia, die die tatsächlich noch nicht vollendete Ersitzung als vollendet fingierte. Das Edikt verhieß die Klage dem, der eine res mancipi ex iusta causa tradiert erhalten, aber noch nicht usukapiert hatte, anscheinend ohne zu unterscheiden, ob nur die Manzipation oder auch das Eigentum des Vormannes gebrach, also ebenso dem prätorischen Eigentümer wie dem einfachen redlichen (Ersitzungs-) Besitzer, doch wahrscheinlich mit Beschränkung auf res mancipi, so daß die Ausdehnung der Klage auf den redlichen Erwerber einer res nec mancipi erst durch die Rechtswissenschaft erfolgt wäre. Sie nahm m. a. W. lediglich den Ablauf der Usukapionsfrist vorweg, setzte demnach alle übrigen Bedingungen der Usukapion voraus. Auch sie war daher dem Nichtrömer verschlossen und zum Schutze des Provinzialeigentums untauglich. Sie stand ferner zwar auch dem quiritischen Eigentümer zu, der dadurch den schwierigen Beweis der Vindikation vermeiden konnte. Sie war aber eben von schwächerer Wirkung als die Vindikation. Sie versagte gegenüber der exceptio iusti dominii, sofern sie nicht durch replicatio doli (rei venditae et traditae) zurückgeschlagen werden konnte. Sie ließ endlich schon einem Beklagten gegenüber in Stich, der sich auf gleichen oder besseren Besitz berufen konnte, in der Hand dessen, der a non domino erworben hatte, gegenüber dem Erwerber a domino, im Streite zwischen zwei einfachen redlichen Besitzern, die von verschiedenen Vormännern erworben hatten, gegenüber dem tatsächlich Besitzenden (beatus possidens), wenn sie von demselben Vormann erworben hatten, gegenüber dem früheren Erwerber.

Die Quellen sagen es zwar nicht, aber Wahrscheinlichkeitsgründe sprechen dafür, daß diese fiktizische Klage überdies nicht bloß der Vindikation, sondern auch der actio negatoria (und prohibitoria) nachgebildet sein konnte.

Die praedia stipendiaria und tributoria, der Provinzialboden war der vindicatio und Publiciana unzugänglich. Trotzdem kann nicht mit Grund bezweifelt werden, daß auch dieses „Quasieigentum" im Laufe der Zeit durch Klage geschützt wurde. Vorgesehen war die Klage naturgemäß nicht im städtischen, wohl aber vermutlich im Provinzialedikt. Das Rechtsverhältnis am Provinzialboden wird nun schon in der lex agraria vom Jahre 643 (a. u. c.) wiederholt technisch als habere possidere frui (licere) bezeichnet. Wahrscheinlich war daher auch die Formel der „Provinzialvindikation" auf diese Worte abgestellt. In derselben Gestalt wurden wohl auch die actio negatoria (und prohibitoria) und seit der Anerkennung der longi temporis praescriptio auch eine entsprechend gefaßte „actio Publiciana" gewährt.

Vollends ohne jede Kunde sind wir über den Eigentumsschutz der Fremden. Nur daß ihnen die zivilen Klagen versagt waren, kann keinem Zweifel unterliegen. Wahrscheinlich ist bloß, daß sie ihnen durch Fiktionen oder durch Unterdrückung der Worte „ex iure Quiritium" zugänglich gemacht wurden.

Das Eigentum gewährte die unbeschränkte Befugnis, mit der ihm unterworfenen Sache nach Willkür zu schalten. Schon von alters her legte jedoch die Rechtsordnung dem Grundeigentümer, teils im Interesse der Nachbarn, teils im allgemeinen öffentlichen Interesse gewisse Schranken auf, die heute unpassend so genannten Legalservituten.

Grenzrain (ambitus, finis), Überhangsrecht (eines Bauwerkes auf den Nachbargrund in einer Höhe von fünfzehn Fuß), die Verpflichtung, dem Nachbarn das Einsammeln der herübergefallenen Früchte zu gestatten (interdictum de glande legenda), den natürlichen Ablauf des Wassers vom Nachbargrunde nicht zu hindern (actio aquae pluviae arcendae), das Recht des Nachbarn, Bau- oder Abbruchsarbeiten, die seine Rechte gefährden, durch seinen Einspruch zu hemmen (interdictum demolitorium) oder nur gegen Sicherstellung zu gestatten (operis novi nuntiatio) und gegen drohenden Schaden durch Einsturz eines Gebäudes Sicherheit zu begehren (cautio damni infecti) oder Besitzeinweisung (ex primo decreto: rei servandae causa; ex secundo decreto: ad usucapionem) zu erwirken, sind die wichtigsten, zum Teile schon dem alten Zivilrecht bekannten, zum Teile vom Prätor ausgestalteten oder neugeschaffenen Formen des Nachbarrechtes. Die uralte Verpflichtung des Uferbesitzers, den usus publicus des Ufers zu gestatten, die kaum viel jüngere Pflicht der Straßenanrainer, zur Erhaltung der Straße beizutragen, die schon erwähnten Verbote des Verkaufs von Häusern auf Abbruch und gewisse Vorschriften der Ädilen über die Höhe und Distanz der Stadthäuser sind die bemerkenswertesten Beschränkungen des Grundeigentums im öffentlichen Interesse.

Dieses konnte sich, wenn auch ein allgemeines Enteignungsrecht nicht nachweisbar ist, in gewissen Fällen anscheinend sogar bis zur zwangsweisen Enteignung gegen oder auch ohne Abfindung steigern. Ohne Abfindung z. B. gegenüber den Anrainern einer durch Naturereignisse zerstörten Straße zu deren Wiederherstellung. Gegen Abfindung z. B. zur Anlegung einer Wasserleitung. Ausnahmsweise scheint auch im privaten Interesse enteignet worden zu sein, um z. B. einen Zugang zu einer Begräbnisstätte zu schaffen.

Enteignung im Privatinteresse bewirkten in gewissem Sinn auch die Grenzberichtigungs- (actio finium regundorum) und die Teilungsklage (actio communi dividundo), insofern sie nicht bloß Rechte feststellen, sondern auch (durch adiudicatio) Eigentum begründen konnten. Die a° comm. div., wohl erst spät zur actio bonae fidei geworden und vermutlich erst aus den Bedürfnissen der societates erwachsen, war actio duplex, die den Geschworenen zur adiudicatio (und condemnatio) zugunsten und zu Lasten beider Teile ermächtigte. Die a° fin. reg., von Haus aus auf die controversia de fine beschränkt, wurde nach den Zwölftafeln durch drei, seit einer lex Manilia unbekannten Datums durch einen arbiter ohne Rücksicht auf Ersitzung entschieden und ermächtigte den Geschworenen nicht bloß zur Feststellung, sondern, wenn das nicht möglich war, zur Ziehung neuer Grenzen (adiudicatio). Die controversia de loco, über das den Grenzstreifen von fünf Fuß übersteigende Bodenausmaß, war im klassischen Recht anscheinend Gegenstand der Vindikation.

Neben den Beschränkungen des Grundeigentums kraft Rechtens bestanden schon von alters her die durch Parteiwillkür begründeten iura praediorum oder, wie sie mit Rücksicht auf das dadurch begründete Dienstverhältnis schon in republikanischer Zeit auch hießen, servitutes. Ihre Formen vermehrten sich im Laufe der Zeit mit den wachsenden wirtschaftlichen und Verkehrsbedürfnissen. Zu den schon in alter Zeit aus den Urtypen des iter und aquaeductus entwickelten Weg- (via, actus) und Wassergerechtigkeiten (aquae haustus, pecoris ad aquam appulsus u. a. m.) kamen nun, unabhängig von diesen Grundformen, nicht bloß Weidegerechtigkeiten (servitus pascui), sondern noch mancherlei andere Nutzungsrechte am fremden Grund (servitus arenae fodiendae, cretae eximendae, calcis coquendae etc.) hinzu. Ebenso traten neben die alten Urbanalservituten (ius cloacae, ius stillicidii) immer wieder neue (iura parietum: paries communis, servitus tigni immittendi, oneris ferendi, proiciendi protigendive, luminis etc.). Trotzdem scheint die römische Rechtswissenschaft niemals die unbeschränkte Freiheit anerkannt zu haben, nach Bedürfnis und Belieben neue Servituten zu schaffen. Sie stellte anscheinend niemals einen abstrakten Begriff der Servitut auf. Das schloß nicht aus, daß man die Servituten gewissen gemeinsamen Grundsätzen unterwarf. Im Gegenteile waren es wohl gerade solche Grundsätze, die zu einer allmählichen Erweiterung des ursprünglichen Kreises der Servituten führten: Nemini res sua servit. Servitus servitutis esse non potest, die Servitut ist weder ganz noch teilweise übertragbar, unveräußerlich und unvererblich. Servitutum non ea natura est, ut aliquid faciat quis . . . sed ut aliquid patiatur aut non faciat. Eine Regel, die in der Kaiserzeit durch die servitus oneris ferendi durchbrochen wurde, indem sie dem Eigentümer des dienenden Grundstücks die Erhaltungskosten aufbürdete. Servitutes praediorum perpetuas causas habere debent, die Servitut kann nur an einem Grundstücke bestellt werden, das ihr seiner Natur nach zu entsprechen vermag, z. B. nicht an einem zeitweiligen Wassertümpel. Servitus praedio utilis esse debet, sie muß dem Grundstück einen Nutzen gewähren, nicht bloß dem persönlichen Bedürfnis des Berechtigten dienen. Praedia debent esse vicina, das herrschende und dienende Grundstück müssen zwar nicht unmittelbar benachbart sein, aber die Ausübung der Servitut darf nicht von der Willkür des Eigentümers eines etwa dazwischen liegenden Grundstückes abhängen. Servitutes dividi non possunt, sie können nur dem Grundstück als Ganzem, nur an einem Grundstück als Ganzem, also mehreren Miteigentümern nur gemeinsam zustehen. Per partes servitus imponi non potest sed nec adquiri, sie kann weder an dem ideellen Teil eines Grundstückes, noch für einen solchen bestellt werden, sie kann nicht teilweise erlöschen, sie dauert so lange, als sie auch nur einem Miteigentümer des herrschenden Grundstückes zusteht. Jedenfalls aber beschränkt die Servitut nicht das Recht des Eigentümers, sondern legt ihm nur eine durch den Inhalt der Servitut gebotene Beschränkung in der Ausübung seines Rechtes auf.

Die Rechtsformen, durch die diese iura in re aliena begründet werden konnten — mancipatio (der Rustikalservituten oder Manzipation des praedium serviens mit anschließender remancipatio deducta servitute, und zwar jeder beliebigen Servitut), in iure cessio (in den Formen der Servitutenklage oder der Vindikation deducta servitute), adiudicatio und usucapio (bis zur lex Scribonia) —, gingen unverändert in das neue Recht über. Außerdem trug man auch hier dem Verkehrsbedürfnis, unbestimmbar wann und in welcher Reihenfolge, zum Teile wohl erst in nachklassischer Zeit, Rechnung, indem man die Begründung solcher Rechte auch Fremden und an Provinzialgrundstücken ermöglichte. Die dazu bestimmten Formen waren pactiones et stipulationes, traditio und patientia, longa possessio und adiudicatio durch iudicium imperio continens.

Pactio (pactum) et stipulatio waren anscheinend von Haus aus nicht zwei selbständige Begründungsformen. Die Vereinbarung war vielmehr von Fremden geschlossen formlos (pactio), zwischen Bürgern dagegen durch Stipulationen, regelmäßig wohl nur durch schriftliche Stipulationsklauseln ergänzt. Ein dingliches Recht begründete diese Vertragsbasis vermutlich nicht. Wenigstens wäre solche „Verdinglichung obligatorischer Abreden" nicht wahrscheinlich. Der Sinn der Abmachung konnte nur sein, ein ire, agere u. dgl. m. zu gewähren. Jedenfalls war ihre Wirksamkeit auf die Provinz beschränkt. Diese provinziellen Servituten gingen wohl schon auf vorrömische Gewohnheiten zurück. Unter römischer Herrschaft wurden sie jedoch tuitione praetoris begründet.

Durch Tradition konnte eine Servitut nur begründet werden, seit und soweit man sich darüber hinwegsetzte, daß die Servitut als unkörperliche Sache nicht Gegenstand des Besitzes sein könne. Das leugnete noch Labeo, selbst nach Pomponius zur Zeit Hadrians und Gajus in der des Antoninus Pius. Dagegen scheint schon zu Ende des ersten Jahrhunderts Javolenus die gegenteilige, später herrschend gewordene Ansicht vertreten zu haben. Man nimmt daher zum Teil an, daß eine Servitut durch „Einigung" der Parteien begründet werden konnte, wenn damit zugleich ein körperliches Element verbunden war, der usus, die tatsächliche Ausübung der Servitut durch den einen, das inducere in fundum, die „Besitzeinweisung" durch den anderen. Patientia sei nicht bloß eine Seite der Tradition, sondern eine besondere Spielart davon, im Gegensatze zu dem tätigen Einverständnisse des Tradenten das stillschweigende Einverständnis zu dem usus des Erwerbers gewesen. Allein wenn irgendwo, so scheint hier die Interpolation der maßgebenden Quellenstellen sicher. Patientia und traditio waren doch wohl dem klassischen Recht als allgemeine „prätorische" Begründungsformen von Servituten fremd. Nur Ansätze verschiedener Art, denen man von Fall zu Fall durch geeignete Rechtsmittel zu Hilfe zu kommen suchte, mögen schon damals vorhanden gewesen sein.

Was die Entstehung von Servituten durch Zeitablauf anbelangt, so hat es den Anschein, als ob trotz Unmöglichkeit der Usukapion seit der lex Scribonia doch auch iure civili eine Servitut durch vetustas oder consuetudo (unvordenkliche Zeit) wirksam werden konnte. Vermutlich ist jedoch die maßgebende Quellenstelle, ein Ausspruch Ulpians, interpoliert, begründete dieser Umstand nur eine Beweiserleichterung für den angeblich Servitutsberechtigten. Vielleicht anerkannte in klassischer Zeit aber wenigstens der Prätor die durch longa possessio erworbene Servitut. Doch gehörte auch diese „prätorische Ersitzung", wenn sie nicht überhaupt Kompilatorenwerk ist, erst dem späteren Kaiserrecht an. Wenigstens kommen dafür nur Aussprüche von Ulpian, Paulus und Caracalla in Betracht. Die bloß amtsrechtliche Wirkung der durch amtsrechtliche adiudicatio geschaffenen Servitut endlich bedarf nach den wiederholten Auseinandersetzungen über iudicium legitimum und imperio continens ebensowenig mehr einer Begründung wie die Möglichkeit der Servitutenbegründung auf diesem Wege.

Nur in einem Punkt ist auch auf die Frage des Erlöschens der Servituten näher einzugehen. Selbstverständlich, weil im Wesen der Servitut begründet, ist deren Untergang durch physische oder juristische Zerstörung des herrschenden oder dienenden Grundstückes, durch Vereinigung (confusio) beider Grundstücke in einer Hand, durch Verzicht, der nur in der gehörigen Form (mancipatio, in iure cessio usw.) ipso iure, sonst bloß ope exceptionis wirkte. Nur diese beschränkte Wirkung hatte auch Eintritt des vereinbarten Endtermins oder einer auflösenden Bedingung. Ein eigentümlicher Erlöschungsgrund war bloß die Unterlassung der Ausübung der Servitut (non usus). Doch trat er nur bei Rustikalservituten durch einfachen Ablauf von zwei Jahren ein. Bei Urbanalservituten äußerte er nach klassischem Rechte seine Wirkung nur als usucapio libertatis, erst nachdem der Belastete eine der Ausübung der Servitut widersprechende Handlung widerspruchslos vorgenommen hatte.

Während endlich die prätorische Servitut anscheinend bloß eine Klage aus dem unterliegenden Rechtsgeschäft (Stipulation usw.) gegen den Besteller auf mancipatio oder in iure cessio servitutis und eine exceptio (doli u. a. m.) gegen die actio negatoria des Eigentümers, im Falle der „Ersitzung“ vielleicht eine actio in factum gewährte, stand der zivilen Servitut nach wie vor die (vielleicht erst von den Kompilatoren sogenannte) actio confessoria schützend zur Seite. Sie stand als formula petitoria dem Berechtigten zu, gleichgültig, ob er im Besitze der Servitut war oder nicht, gegen jeden, der deren Ausübung störte oder hinderte. Sie war gerichtet auf Wiederherstellung des bisherigen Zustandes und Schadenersatz, anscheinend wie ihr Gegenstück, die actio negatoria, ohne besondere clausula restitutoria. Überdies konnte der Kläger auch hier cautio de amplius non turbando begehren. Neben oder an Stelle der Klage genoß der Berechtigte auch Interdiktsschutz (interdicta veluti possessoria). Doch stand dieser Besitzschutz von Haus aus nur den Wasser- und Weggerechtigkeiten, von den städtischen Servituten nur de cloacis und auch da nicht in Gestalt der gemeinen Besitzinterdikte, sondern in der besonderer, vielleicht ebenso alter Interdikte (de itinere actuque privato, de aqua etc.) zu Gebote. Ob und inwieweit ein weitergehender Interdiktsschutz anerkannt war, ist zweifelhaft. Diesen Schutz gewährte der Prätor regelmäßig jedem, der eine Servitut auf zivile oder prätorische Art erworben hatte. Die Rechtswissenschaft sprach ihn schließlich auch dem zu, der eine Servitut im guten Glauben als sein Recht ausübte. Die bloße fehlerlose Ausübung einer Servitut als solche scheint dagegen nach klassischem Rechte niemals den Sieg im Interdiktsprozesse gewährt zu haben.

Durchaus verschieden von den (Prädial-) Servituten ebenso ihrem Ausgangspunkt wie ihrem Inhalt und ihrer wirtschaftlichen Funktion nach waren jene iura in re aliena, die einer Person den vollen oder teilweisen Genuß einer fremden Sache verschafften. Schon darum hat die durch sprachliche und andere Erwägungen gestützte Vermutung viel für sich, daß ihre systematische Zusammenfassung als servitutes personarum oder personales mit den Prädialservituten unter dem gemeinsamen Begriffe der servitus erst das Werk der justinianischen Kompilation sei. Sicherlich lag diese Zusammenfassung schon deshalb nahe, weil diese persönlichen Nutzungsrechte von denselben Prozeßmitteln (a° negatoria und confessoria) beherrscht wurden wie die Servituten. Andererseits ist nicht zu übersehen, daß das prätorische Edikt diese selben Rechtsmittel für die persönlichen Nutzungsrechte und für die Servituten unter zwei gesonderten Rubriken gewährte und daß die Formel immerhin in einem wesentlichen Punkte hier und dort verschieden gestaltet gewesen zu sein scheint, insofern sie nur bei den Nutzungsrechten, nicht auch bei den Servituten mit einer Restitutionsklausel (neque ea res arbitrio tuo restituetur) ausgestattet gewesen sein dürfte.

Der Mangel einer systematischen Erfassung der persönlichen Nutzungsrechte hinderte jedoch schon die klassische Rechtswissenschaft nicht, sie im wesentlichen, namentlich hinsichtlich ihrer Begründung und Aufhebung, den Servituten, wenigstens soweit sie nicht res mancipi waren, gleich zu behandeln. Demnach wurden auch die persönlichen Nutzungsrechte durch in iure cessio des Rechtes selbst oder durch deductio des Rechtes anläßlich der mancipatio oder in iure cessio der Nutzungssache, durch adiudicatio, pactio und stipulatio, schließlich auch durch traditio und patientia und durch longa possessio begründet, durch physischen und juristischen Untergang (auch schon durch mutatio rei, durch wirtschaftliche Umgestaltung) der dienenden Sache oder des Nutzungsberechtigten (nur habitatio und operae servorum nicht schon durch capitis deminutio des Berechtigten), durch Verzicht, durch Eintritt des Endtermins oder der auflösenden Bedingung, durch Vereinigung (consolidatio) des Eigentums mit dem Nutzungsrecht in einer Person und durch non usus (mit Ausnahme der habitatio und operae) beendet.

Diese persönlichen Nutzungsrechte waren Nießbrauch (ususfructus), Gebrauch (usus), Wohnungsrecht (habitatio) und Sklavendienste (operae servorum). Ihr Wesen bestand in dem einer bestimmten Person zustehenden und auf sie beschränkten, darum stets mit dem Untergang dieser Person endenden Rechte der Nutznießung einer fremden Sache. Das umfassendste und älteste dieser Rechte war der Nießbrauch. Doch reicht auch er anscheinend nicht über das sechste Jahrhundert der Stadt zurück. Seinen Ausgangspunkt bildete vermutlich das der Frau vom Manne letztwillig zugedachte Nutzungsrecht am ganzen Vermögen, an einem Teile davon oder auch nur an einzelnen Vermögensstücken, das ihr das mangels der manus fehlende Erbrecht ersetzen und zugleich das Vermögen selbst ungeschmälert den Erben erhalten sollte.

Anfänglich wahrscheinlich seinem Inhalte nach nicht näher bestimmt, gewann der Nießbrauch allmählich die Bedeutung eines ius alienis rebus utendi fruendi, des Rechtes, die Sache zu gebrauchen (uti) und die Früchte zu genießen (frui), also mit einem Wort über eine fremde Sache wie der Eigentümer zu verfügen, nur eben mit der Beschränkung, daß es sich um eine fremde Sache handelte, die darum nicht zerstört oder verringert werden durfte. Eine Beschränkung, der anscheinend erst die Kompilatoren deutlichen Ausdruck verliehen durch den Zusatz salva rerum substantia. Darum erschien dieses Recht wenigstens manchen Juristen nicht so sehr als ius in re aliena, als vielmehr als pars dominii. Aus diesem Gesichtspunkt galt der Nießbrauch gleich dem Eigentum als teilbar, erschien Nießbrauch mehrerer an derselben Sache (nach ideellen Teilen) in der Weise möglich, daß der durch Wegfall eines frei werdenden Teiles den übrigen zuwuchs, war Übertragung (nicht des persönlichen Rechts selbst, aber) der Ausübung des Rechtes (das trotzdem Recht des Übertragenden blieb und darum jedenfalls mit ihm erlosch) an einen anderen zulässig, das Recht an körperlichen Sachen aller Art, mochten sie fruchttragend sein oder nicht, denkbar, sofern sie nur nicht durch den Gebrauch verbraucht wurden, verbrauchbar waren. Doch schuf selbst in dieser Hinsicht ein Senatsbeschluß zu Ende der Republik oder zu Beginn der Kaiserzeit Wandel, indem er, nicht so sehr völlig Neues bestimmend, als vielmehr an die alte und inzwischen vergessene Funktion des Usus fruktus als Vermögensnutzung anknüpfend, bestimmte, daß auch ein Nießbrauch am ganzen Vermögen zulässig sein solle. Damit war dem ususfructus earum rerum quae usu consumuntur, dem Quasiusus fruktus Eingang verschafft, der den Nießbraucher zum Eigentümer der Sache selbst machte und nur zur Rückgabe derselben Qualität und Quantität nach Beendigung seines Rechtes verpflichtete.

Kraft seines Rechtes hatte der Nießbraucher Anspruch nicht bloß auf die Früchte (fructus naturales), die er durch Gewinnung (perceptio), einst vielleicht sogar schon durch separatio erwarb, und für die er, soweit er sie nicht mehr erwerben konnte, bei Beendigung seines Rechtes wenigstens Ersatz der Produktionskosten begehren konnte, sondern auf alle Erträgnisse (fructus civiles), die er bei Beendigung seines Rechtes mit dem Eigentümer nach Verhältnis der Dauer seines Nießbrauches teilte. Er genoß ferner, ehedem anscheinend als „Quasieigentümer", den dem Eigentümer gebührenden Besitzschutz, den ihm das klassische Recht, soweit er nicht als quiritisch Berechtigter auch die actio confessoria zur Verfügung hatte, zugleich als einzigen Rechtsschutz, zwar auch in Gestalt der possessorischen Interdikte (uti possidetis etc.), doch wenigstens zum Teile nur in der Form von interdicta utilia zum Schutze seines Quasibesitzes eines ius in re beließ.

Der Eigentümer konnte sein Recht nur ausüben, soweit es mit dem Nießbrauch verträglich war (nuda proprietas). Doch gestattete ihm der Prätor, Sicherstellung (cautio fructuaria) zu begehren gegen Mißbrauch der Sache (usurum boni viri arbitratu) und für deren Rückstellung nach Beendigung des Nießbrauches (restituturum quod inde extabit) und bis zur Leistung der Kaution, die seine Ersatzansprüche auch gegenüber den Erben des Nießbrauchers sicherstellte, die Ausfolgung der Sache zu verweigern.

Von dem Nießbrauche spaltete sich als ein besonderes ius in re das Gebrauchsrecht ab, wie sein Name (usus) sagt, das Recht, eine Sache (ursprünglich und stets vornehmlich ein Haus) persönlich bestimmungsgemäß zu gebrauchen (nicht auch die Früchte zu genießen oder andere daran teilnehmen zu lassen).

Schon in den Anfängen der klassischen Jurisprudenz nahm dieses Recht jedoch eine Gestalt an, die es nicht mehr qualitativ, sondern bloß quantitativ vom Nießbrauch unterschied, es als einen auf das persönliche Bedürfnis des Berechtigten beschränkten und darum auch der Ausübung nach unübertragbaren Nießbrauch erscheinen ließ.

Widersprechende Auffassung fand bei den klassischen Juristen das Vermächtnis des Wohnungsrechtes. Manche wollten es als Gebrauch, andere als Nießbrauch, wieder andere gar als ein durch Vindikation geschütztes, eigentumsähnliches Recht angesehen wissen. Zu einer selbständigen Abart des usus scheint die habitatio erst das justinianische Recht ausgebildet zu haben, indem es sie zugleich manchen Sondernormen unterwarf.

Von den operae servorum (und animalium) lehrte Papinian, daß sie weder durch non usus noch durch capitis deminutio des Berechtigten erlöschen. Begründet werden konnten sie nur durch Vermächtnis.

Neben dem ius in re aliena (privata) kamen sehr früh auch Rechte am öffentlichen Grund und Boden zur Ausbildung, die dem Berechtigten eine eigentumsähnliche Stellung sicherten, Bodenzins- oder Erbbaurecht und Erbpacht.

Die ersten Spuren des Bodenzinsrechtes (superficies)

führen vielleicht schon in das sechste Jahrhundert der Stadt. Es sind jene berühmten septem tabernae der Geldwechsler (argentarii) auf dem römischen forum, die, durch den Brand des Jahres 536 zerstört, zwei Jahre später, fünf an der Zahl, wieder errichtet wurden. Über ihre Rechtsverhältnisse ist zwar nichts Näheres bekannt. Mancherlei Gründe machen es aber wahrscheinlich, daß schon sie von den Zensoren auf Grund einer öffentlichrechtlichen Pacht gegen einen jährlichen Zins (solarium) zum Gebrauch überlassen waren und daß dieses Recht administrativ (nach Analogie des späteren interdictum de loco publico fruendo) geschützt war. Jedenfalls bestand schon in republikanischer Zeit die Übung, daß die römische Gemeinde durch einseitige Ermächtigung Privaten gestattete, Baulichkeiten (superficies) auf Gemeindegrund zu errichten, die nach dem Grundsatze superficies cedit solo in das Eigentum der Gemeinde fielen, aber gegen einen jährlichen Zins (solarium, pensio) dem Erbauer für längere Zeit oder gar für immer zu Gebrauch und Genuß überlassen wurden. Dasselbe geschah von seiten anderer Gemeinden und schließlich auch durch Vertrag von seiten Privater. Das also erworbene Recht war veräußerlich und vererblich, darum auch verpfändbar und durch Servituten zu belasten und zu berechtigen. Als öffentlichrechtliches Verhältnis gewährte es lediglich Besitzschutz (interdictum de loco publico fruendo). Zwischen Privaten begründet genoß es zunächst den aus dem Vertrag entspringenden Schutz. Dritten gegenüber half der Prätor durch ein dem Interdikt uti possidetis nachgebildetes interdictum de superficiebus, mit dem der Berechtigte obsiegte, wenn er im Augenblicke seines Erlasses ex lege locationis das Recht nec vi nec clam nec precario ab altero genoß. Überdies verhieß der Prätor causa cognita alia actio de superficie, wohl eine actio (eventuell exceptio) in factum nach dem Muster der Vindikation, die ihm gestattete, die mit seinem Rechte belastete Sache von jedem Dritten, auch von dem Eigentümer und dessen Rechtsnachfolger in Anspruch zu nehmen, sowie nötigenfalls die actio Publiciana, confessoria, hypothecaria und communi dividundo als actiones utiles. Doch gehört diese Ausdehnung des Rechtsschutzes wie die Gewährung der gemeinen possessorischen Interdikte, wodurch die superficies dem Bodeneigentum völlig gleichgestellt ward, vielleicht erst dem justinianischen Recht an.

Ähnliche Wege wandelte die Erbpacht, das langfristige oder zeitlich unbegrenzte Recht, gegen Zahlung eines Zinses fremden unverbauten Grund zu nutzen. Nicht eine spezifisch römische, sondern eine allgemeine Erscheinung des Altertums, namentlich auch des griechischen Rechtes, nahm die Erbpacht ihren Ausgang vermutlich von der wirtschaftlichen Erwägung, Ödland, Rottland, das kein Pächter auf Zeit und Kündigung zur Kultivierung übernehmen wollte und konnte, auf diese Weise urbar zu machen. Dazu kam die Eignung gerade dieses Rechtsverhältnisses zur Anlage überschüssiger Kapitalien in der Form des Rentenkaufes, indem Gemeinden und andere Korporationen auch schon bebauten Boden ankauften, um ihn dem Verkäufer gegen Zins in Erbpacht zu lassen. Diese und andere wirtschaftlich weniger bedeutsame Zwecke ließen die Erbpacht in Griechenland mindestens schon im fünften vorchristlichen Jahrhundert zur Ausbildung gelangen. In der römischen Staats- und Gemeindeverwaltung bürgerte sie sich zunächst als ius in agro vectigali ein. Staats- und Gemeindeland, vermutlich vorwiegend Rottland wurde, und zwar anscheinend nicht nur Großunternehmern, sondern vielleicht sogar überwiegend Kleinpächtern, wahrscheinlich wie beim publizistischen, öffentlichrechtlichen Geschäft überhaupt, formlos (ut quamdiu vectigal praestetur neque ipsi conductori neque heredi eius praedium auferetur) unter Vorbehalt des staatlichen (Ober-) Eigentums (agri vectigales populi Romani, municipiorum etc.), das wohl auch dem Zinsrecht den Schutz der rei vindicatio sicherte, gegen jährlichen, ursprünglich in Naturalien, später in Geld bestehenden Zins (vectigal), zu dem vielleicht ein einmaliges „Erbstandgeld" für die Verleihung der Erbpacht hinzukam, auf lange Zeit oder dauernd, Staatsländereien wohl immer nur für ein Lustrum, in Pacht gegeben. Der Erbpächter erwarb ein vererbliches und veräußerliches Recht gleich dem Erbbauberechtigten, das durch die Besitzinterdikte, später auch durch eine vom Prätor anscheinend ohne Edikt (auf Grund kaiserlicher Initiative?) proponierte Klage (actio in rem, si ager vectigalis petatur) geschützt war.

Eine verwandte Erscheinungsform stellt das erst neuerer Zeit durch zwei Inschriftenfunde bekannt gewordene „Bisanksrecht" dar. Diese aus dem Anfange des dritten christlichen Jahrhunderts stammenden Inschriften, die sich jedoch schon auf ältere Ordnungen, die eine, die sogenannte ara legis Hadrianae auf ein Dekret Hadrians, die andere, die Inschrift von Henschir Mettich, auf ein Statut Trajans stützen, regeln die Rechtsverhältnisse der saltus, der großen, zu selbständigen Territorien erhobenen Grundherrschaften, wie sie in den Provinzen der Kaiserzeit vielfach entstanden, und zwar kaiserlicher Domänen. Sie geben gewisse unbebaute Parzellen den von den Großpächtern (conductores) dieser Domänen eingesetzten Kleinbauern zur Okkupation (usus proprius, ius possidendi ac fruendi heredique suo relinquendi) frei, wie das in dem einen Falle schon der ehemalige Privatbesitzer (Mancia) durch sein Privatstatut (lex Manciana) getan haben soll. Das dadurch begründete Verhältnis ähnelte demnach in gewissem Sinne dem am ager publicus, unterschied sich davon aber anscheinend durch seine Unwiderruflichkeit. Auch dieses Recht war vererblich (nicht auch veräußerlich) und verpflichtete zu einem Naturalzins (ein Drittel des Ertrages), doch erst nach einer je nach der Kulturgattung bestimmten Frist der Abgabenfreiheit. Andererseits ging hier der Okkupant nach vorausgegangener Mahnung seines Rechtes verlustig, wenn er das Grundstück zwei Jahre unbebaut ließ. Alles in allem also eine feste und vererbliche, aber der Privation wegen Nichtbebauung ausgesetzte, faktische, ohne Vertrag vorgenommene Verpachtung von Rottland gegen mehrjährigen Zinsnachlaß, die, der kaiserlichen Verwaltung jedenfalls schon in der Zeit Trajans bekannt, vermutlich schon aus republikanischer Zeit übernommen war. Aus diesen und verwandten Rechtsformen entwickelte das späte Kaiserrecht das einheitliche Institut der Emphyteusis.

Sachherrschaft diente endlich schon im älteren Rechte dazu, dem persönlichen Schuldverhältnisse die für seine Wirksamkeit unentbehrliche Haftung zuzugesellen. Ihre Form war die fiducia (cum creditore contracta). Aus dieser Wurzel entsprang das Pfandrecht, das Recht des Gläubigers, sich für seine Forderung aus einer Sache bezahlt zu machen.

Die fiducia machte den Gläubiger von vornherein zum Eigentümer und beließ ihm die Sache (also auch den Mehrwert gegenüber der sichergestellten Forderung, die sogenannte hyperocha) auf jeden Fall, wenn der Schuldner nicht rechtzeitig erfüllte. Der Schuldner haftete daher nicht weiter. Aber er lief Gefahr, die Sache zu verlieren, selbst wenn er rechtzeitig erfüllte. Konnte sie der Gläubiger doch als Eigentümer jederzeit, auch schon vor Fälligkeit der Forderung veräußern und den Schuldner, dem kein Recht gegen den Erwerber zustand, auf seinen Ersatzanspruch beschränken, auf die allerdings infamierende actio fiduciae, die im Edikt anscheinend in zweifacher Gestalt vorgesehen war, als actio in factum mit einem eigentümlichen Hinweis auf das ius aequum und als actio bonae fidei (in ius concepta), von denen die erste die ältere gewesen zu sein und den Vertragscharakter der fiducia noch nicht anerkannt, die zweite in der fiducia bereits einen Vertrag erblickt zu haben scheint.

Um dieser Gefahr zu entgehen, konnte der Schuldner zwar seine dem Gläubiger fiduziarisch ins Eigentum übertragene Sache alsbald von ihm zu Miete oder Leihe nehmen, um ihm dadurch vorerst die Veräußerungsmöglichkeit zu entziehen. Die Häufigkeit dieses Ausweges beweist der Umstand, daß die usureceptio dem Schuldner gerade unter dieser Voraussetzung versagt war, um nicht umgekehrt den Gläubiger durch vorzeitigen Verlust seines fiduziarischen Rechtes zu Schaden zu bringen. Aber auch damit war dem Schuldner nicht geholfen. Namentlich die Leihe (pecarium) war jederzeit widerruflich. Auch konnte er die einmal fiduziarisch veräußerte Sache während der Dauer dieses Verhältnisses nicht nochmals veräußern oder verpfänden, mochte ihr Wert auch den der Forderung erheblich übersteigen. Schließlich blieb die überwertige Sache, wenn er nicht zur Zeit zahlte, doch dem Gläubiger.

Seinen Vorteil konnte der Schuldner nur wahren, wenn er die Sache dem Gläubiger nicht gleich zu Eigentum, sondern vorerst nur zu Besitz übertrug. Das war das Faustpfand, pignus. Das pignus gehörte nun zwar anscheinend ebenfalls schon zum ältesten Rechtsbestande. Beweis dafür die legis actio per pignoris capionem. Wie aber diese legis actio vermutlich nicht als Rest eines allgemeinen „prähistorischen“ Privatpfändungsrechtes, sondern vielmehr als Ausfluß eines staatlichen, ausnahmsweise Privaten zugestandenen Rechtes anzusehen ist, so ist wohl auch dieses „pignus datum“ nicht allzuweit, nicht über die fiducia hinaus in die Vergangenheit hinaufzurücken. Mag es immerhin als provisorische Sicherstellung von alters her üblich gewesen sein. Rechtlich bedeutsam konnte es erst werden, seit der Prätor den Besitz als solchen mit Rechtsschutz ausstattete.

Dieses Besitzpfand beraubte den Schuldner nicht seines

Eigentums. Es wahrte ihm das Recht, die Sache vom Gläubiger oder von jedem Dritten mit der Vindikation zurückzufordern, der der Gläubiger nur, solange er nicht befriedigt war, eine exceptio entgegensetzen konnte. Andererseits gewährte der Prätor dem Gläubiger die possessorischen Interdikte, mit deren Hilfe er sich bis zur Befriedigung im Besitz der Sache zu behaupten vermochte. Allein nicht bloß mußte der Schuldner auch hier, wenigstens vorläufig, seine Kreditbasis zugunsten der einen Forderung erschöpfen. Auch dem Gläubiger bot diese Sicherstellung nur unzureichenden Schutz, weil sie ihm auch für den Fall, daß der Schuldner nicht rechtzeitig erfüllte, bloß den Besitz der Sache, weder Eigentum noch Veräußerungsrecht gewährte. Doch konnte dem Gläubiger die Nutzung der Sache, Befriedigung durch Nutzung gestattet sein, konnte das pignus gleich der „älteren Satzung" des germanischen Rechtes „Nutz und Gewere", Besitz und Nutzung gewähren, „Nutzungspfand" sein. Außerdem konnte die Vereinbarung der Parteien Abhilfe bieten, indem Verfall des Pfandes mangels Erfüllung der Forderung bei Fälligkeit vereinbart wurde, die anscheinend uralte lex commissoria, oder indem dem Gläubiger unter denselben Voraussetzungen gestattet wurde, die Sache zu einem durch Sachverständige zu bestimmenden Preis ins Eigentum zu übernehmen, was dem Schuldner die hyperocha sicherte, aber seltener gewesen zu sein scheint, oder endlich, was Labeo zuerst erwähnt, indem dem Gläubiger das Recht eingeräumt wurde, in solchem Falle die Sache zu veräußern (pactum de distrahendo, de vendendo). Daß dieses Verkaufsrecht, das damit lediglich in die Parteiwillkür gestellt (accidentale negotii) war, im Zweifel als selbstverständlich (naturale negotii) galt und schließlich nicht einmal mehr (durch pactum de non distrahendo) ausgeschlossen werden konnte (essentiale negotii), gehört jedoch erst der nachklassischen Rechtsentwicklung an.

Dagegen bildete sich schon frühzeitig eine dritte Form der Sachhaftung aus, die dem Gläubiger zunächst weder Besitz noch Eigentum, sondern nur Verkaufsrecht gewährte, falls rechtzeitige Erfüllung ausblieb. Von alters her scheinen die römische und andere Stadtgemeinden von den Übernehmern öffentlicher Bauten und von anderen Schuldnern für Erfüllung der übernommenen Leistung Sicherstellung durch Bürgen (praedes) verlangt zu haben, die anfänglich persönlich, später mit ihrem Grundbesitz (praedium) hafteten. Diese Haftung gab der Gemeinde das Recht, zur Befriedigung ihrer Ansprüche den also verhafteten Grund — erst lege praediatoria und, wenn sich auf diese Weise kein Käufer fand, in vacuum, d. h. wohl ohne Einlösungsrecht des Eigentümers — zu veräußern. Dieses öffentlichrechtliche Beschlagsrecht fand allmählich auch ins Privatrecht Eingang.

Der Pächter traf regelmäßig mit dem Verpächter das Übereinkommen, daß das von ihm eingebrachte Inventar (Sklaven, Vieh, Arbeitsgeräte u. a. m.), die sogenannten invecta et illata zur Sicherstellung des Pachtzinses dienen sollten, daß der Verpächter berechtigt sein sollte, sie bis zur Zahlung des Zinses zurückzubehalten und sich aus ihrem Erlöse zu befriedigen. Der Verpächter erlangte dadurch zunächst weder Eigentum noch Besitz, sondern nur ein Beschlags- und Befriedigungsrecht für den Fall nicht rechtzeitiger Zinszahlung, das der Prätor mit einem interdictum adipiscendae possessionis, mit dem nach seinem Schöpfer genannten interdictum Salvianum und schließlich auch mit einer Klage, mit der actio Serviana ausstattete. Das Interdikt verschaffte dem Verpächter im entscheidenden Augenblick den Besitz der zu seiner Befriedigung bestimmten Sachen, doch eben nur vom Pächter. Die Klage setzte ihn instand, die Herausgabe der Sachen zu diesem Zwecke von jedermann zu begehren. Der Pächter behielt vorerst den Besitz der Sachen und damit die

Möglichkeit, dieselbe Kreditbasis wiederholt, bis zur Erschöpfung, auszunützen.

Für die Entstehungszeit dieser neuen Form der pfandrechtlichen Sicherstellung fehlt jede unmittelbare Nachricht. Ihre wirtschaftliche Voraussetzung, die Verpachtung kleinerer Landgüter an mittellose Leute, würde etwa auf das ausgehende sechste Jahrhundert der Stadt hinweisen. Jedenfalls war diese Einrichtung schon zur Zeit Labeos, der bereits das interdictum de migrando zum Schutze des Mieters gegen Mißbrauch des Rechts durch den Vermieter kennt, auf die Wohnungsmiete ausgedehnt. Labeo kannte wohl auch schon das interdictum Salvianum. Ob auch bereits die actio Serviana, ist zweifelhaft. Selbst für die Zeit des Cassius ist die anscheinend ohne Edikt proponierte Klage noch nicht sicher. Cassius ist jedenfalls auch der erste, dem vielleicht schon die Ausdehnung der actio Serviana (als actio quasi Serviana) auf alle Gläubiger, die mit ihren Schuldnern zur Sicherung einer beliebigen Forderung eine Vereinbarung dieser Art getroffen haben sollten, bekannt war.

Durch diese Ausdehnung wäre eine allgemeine dritte Form der Sicherstellung gewonnen gewesen, ein prätorisch geschütztes Beschlags- und Befriedigungsrecht, das „besitzlose Pfandrecht", die im justinianischen Quellenbereiche sogenannte hypotheca. Die jüngste Forschung hat jedoch den Nachweis versucht, daß der griechische Name überhaupt nicht klassisch sei. Das Wort sei der Profanliteratur der Römer von Augustus bis Diokletian fremd. Der einzige Cicero verwende es nur zweimal, aber in griechischer Schrift. Auch die vorjustinianische Rechtsliteratur kenne es in den erhaltenen Originalresten nicht. In Justinians Kompilation scheine es allenthalben erst von Tribonian eingefügt worden zu sein. Die klassische Rechtswissenschaft habe anscheinend auch diese Form der Sicherstellung, das „Konventionalpfand" als pignus bezeichnet. Ja noch mehr. Wenigstens für die vorjulianische Zeit erscheine das „Vertragspfand" nicht durchaus sicher, nicht einmal der Klagschutz des „Illatenpfandrechts" über allen Zweifel erhaben, das sich von dem reinen „Vertragspfand" immerhin noch durch den nicht unerheblichen Umstand unterschied, daß es nicht schon durch die Vereinbarung, sondern erst durch die Einbringung der Sachen begründet wurde. Allein das argumentum e silentio für die außerjustinianische Literatur ist wie der Schluß aus dem Schweigen auch sonst wenig beweisend, eine so planmäßige und umfassende Interpolation, wie sie hier vorliegen soll, ohne Beispiel. Gewiß war nicht nur hypotheca ein Fremdwort, sondern auch das damit bezeichnete Institut ein solches des griechischen Provinzialrechtes, aber in diesem Sinne schon durch Gajus, Marcian u. a. in die römische Rechtsliteratur eingeführt. Das römische Pfand hieß den Juristen nur pignus. Aber auch dieses pignus war bereits nicht bloß Faust —, sondern auch Konventionalpfand. Inter pignus et hypothecam tantum nominis sonus differt. Nur haben wohl zunächst noch die fiducia, die sich bis zum Verschwinden von Manzipation und Injurezession auch neben dem pignus behauptete, und das Faustpfand die Oberhand behalten.

Begründet wurde das Pfandrecht durch Vertrag (pactum fiduciae, contractus pigneraticius, pactum hypothecae, die „Hypothek" auch durch letztwillige Verfügung [Legat, Fideikommiß]) des Eigentümers der Pfandsache oder dessen, der wenigstens ein eigentumsähnliches, zur Verpfändung befugendes Recht an der Sache besaß, mit den durch dieses Recht gebotenen Schranken (publizianisch Berechtigter, Erbbauberechtigter, Erbpächter, Nichteigentümer unter der Bedingung künftigen Eigentumserwerbes) mit dem Gläubiger, für eine eigene oder für eine fremde Schuld (Personal- und

Pfandschuldner); durch behördliche Verfügung (pignus praetorium: missio in bona oder in rem; pignus in causa iudicati captum nach den Grundsätzen der Zwangsvollstreckung); kraft Gesetzes (pignus tacitum, legale) erst in nachklassischer Zeit.

Verpfänden konnte man durch fiducia nur, was der Manzipation oder Injurezession, durch pignus ehedem bloß, was des Besitzes fähig war, erst seit der Entwicklung des ius distrahendi als wesentlicher Inhalt des Pfandrechtes alles, was veräußerungsfähig war (quod emptionem venditionemque recipit, etiam pignerationem recipere potest), der Eigentümer seine Sache ganz oder teilweise, der Superfiziar, der conductor agri vectigalis sein Recht, der Gläubiger seine Forderung (pignus nominis), der Pfandgläubiger sein Pfandrecht (pignus pignoris, Afterpfand), der Nießbraucher die Ausübung seines Rechtes. Dagegen nicht der Servitutsberechtigte seine Servitut. Der Eigentümer konnte sich nur verpflichten, pfandweise eine (Rustikal-, nicht auch Urbanal-) Servitut zu bestellen.

Das Pfandrecht erstreckte sich auf die verpfändete Sache mit allem, was dazu gehört, mit ihrem natürlichen und rechtlichen Zubehör (alluvio, avulsio, inaedificatio, implantatio, fructus non separati u. a. m.).

Als Sicherstellung (akzessorisches Recht) setzte das Pfandrecht etwas Sicherzustellendes voraus. Sichergestellt werden konnte jede (auch die betagte) Forderung nach ihrer Entstehung, vor ihrer Entstehung (bedingte, künftige Forderung) nur mit der Wirkung, daß auch das Pfandrecht erst mit der Forderung selbst wirksam werden sollte. Nicht bloß klagbare, sondern auch klaglose (Natural-) Forderungen, Haupt- und Nebenforderungen (Zinsen, Schadenersatz u. a. m.). Im Zweifel galten Haupt- und Nebenforderung als versichert.

Die fiduziarische Verpfändung machte den Pfandgläubiger sofort zum Eigentümer. Das pignus verschaffte ihm zunächst bloß den Besitz, das Konventionalpfand auch ihn erst kraft Interdiktes oder Klage. Auf das Verhältnis mehrerer Pfandgläubiger an der Sache, denen die Sache zu verschiedenen Zeiten selbständig verpfändet wurde, soll hier, da diese Möglichkeit nur bei dem als ständige Einrichtung doch wohl erst der späteren Zeit angehörenden Konventionalpfand gegeben war, nicht eingegangen werden. Der Besitz gab dem Gläubiger schließlich Veräußerungsrecht. Dieses ius distrahendi konnte er nach Fälligkeit der Forderung ausüben, wann und wie er wollte. Der Verkauf hatte die normalen Wirkungen. Nur traf die Gewährleistungspflicht den veräußernden Pfandgläubiger naturgemäß bloß insofern, als er zur Veräußerung befugt sein mußte, im übrigen den Pfandbesteller, der durch den Verkauf seines Rechtes an der Sache verlustig ging, nur Anspruch auf die hyperocha hatte, während umgekehrt der persönliche Schuldner, wenn der Erlös die Schuld nicht deckte, für den Ausfall haftbar blieb.

Mit der distractio pignoris erlosch das Pfandrecht. Ebenso durch confusio, durch Untergang der Pfandsache, durch Resolutivbedingung und Endtermin, durch Verzicht des Pfandgläubigers, die fiducia außerdem durch usureceptio, das pignus durch endgültigen Besitzverlust. Das Erlöschen durch longi temporis praescriptio ist erst späteres Recht. Als akzessorisches Recht erlosch das Pfandrecht endlich jedesmal mit der Forderung, durch deren Erfüllung, Erlaß, Novation usw., mit einem Worte durch jeden Untergang der Forderung, der Befriedigung des Gläubigers bewirkte, darum nicht durch litis contestatio des Anspruchs und jedenfalls nur mit der Forderung überhaupt, deshalb nicht, nicht einmal zum Teil, — pignoris causa indivisa est — wenn die Forderung (durch Teilzahlung u. a. m.) bloß teilweise erlosch.

Register.

Sammlung Göschen

Jeder Band in Leinw. geb. **90 Pf.**

Verzeichnis der bis jetzt erschienenen Bände.

Abwässer. Wasser und Abwässer. Ihre Zusammensetzung, Beurteilung u. Untersuchung von Professor Dr. Emil Haselhoff, Vorsteher der landw. Versuchsstation in Marburg in Hessen. Nr. 473.

Ackerbau- u. Pflanzenbaulehre v. Dr. Paul Rippert i. Essen u. Ernst Langenbeck, Gr.-Lichterfelde. Nr. 232.

Agrarwesen und Agrarpolitik von Prof. Dr. W. Wygodzinski in Bonn. 2 Bändchen. **I:** Boden u. Unternehmung. Nr. 592.

— — **II:** Kapital u. Arbeit in der Landwirtschaft. Verwertung der landwirtschaftl. Produkte. Organisation des landwirtschaftl. Berufsstandes. Nr. 593.

Agrikulturchemie I: Pflanzenernährung v. Dr. Karl Grauer. Nr. 329.

Agrikulturchemische Kontrollwesen, Das, v. Dr. Paul Krische in Leopoldshall-Staßfurt. Nr. 304.

— **Untersuchungsmethoden** von Prof. Dr. Emil Haselhoff, Vorsteher der landwirtschaftl. Versuchsstation in Marburg in Hessen. Nr. 470.

Akkumulatoren, Die, für Elektrizität v. Kais. Reg.-Rat Dr.-Ing. Richard Albrecht in Berlin-Zehlendorf. Mit 52 Figuren. Nr. 620.

Akustik. Theoret. Physik I: Mechanik u. Akustik. Von Dr. Gustav Jäger, Prof. an d. Techn. Hochschule in Wien. Mit 19 Abb. Nr. 76.

— **Musikalische,** von Professor Dr. Karl L. Schäfer in Berlin. Mit 36 Abbild. Nr. 21.

Algebra. Arithmetik und Algebra von Dr. H. Schubert, Professor an der Gelehrtenschule des Johanneums in Hamburg. Nr. 47.

Algebra. Beispielsammlung z. Arithmetik und Algebra von Dr. Herm. Schubert, Prof. a. d. Gelehrtenschule d. Johanneums i. Hamburg. Nr. 48.

Algebraische Kurven v. Eugen Beutel. Oberreallehrer in Vaihingen-Enz, **I:** Kurvendiskussion. Mit 57 Fig. im Text. Nr. 435.

— — **II:** Theorie u. Kurven dritter u. vierter Ordnung. Mit 52 Fig. im Text. Nr. 436.

Alpen, Die, von Dr. Rob. Sieger, Professor an der Universität Graz. Mit 19 Abb. u. 1 Karte. Nr. 129.

Althochdeutsche Literatur mit Grammatik, Übersetzung u. Erläuterungen v. Th. Schauffler, Prof. am Realgymnasium in Ulm. Nr. 28.

Alttestamentl. Religionsgeschichte von D. Dr. Max Löhr, Professor an der Universität Königsberg. Nr. 292.

Amphibien. Das Tierreich III: Reptilien u. Amphibien v. Dr. Franz Werner, Prof. an der Universität Wien. Mit 48 Abbild. Nr. 383.

Analyse, Techn.-Chem., von Dr. G. Lunge, Prof. a. d. Eidgen. Polytechnischen Schule in Zürich. Mit 16 Abb. Nr. 195.

Analysis, Höhere, I: Differentialrechnung. Von Dr. Frdr. Junker, Rektor des Realgymnasiums u. der Oberrealschule in Göppingen. Mit 68 Figuren. Nr. 87.

— — **Repetitorium und Aufgabensammlung zur Differentialrechnung** von Dr. Frdr. Junker, Rektor d. Realgymnas. u. d. Oberrealsch. in Göppingen. Mit 46 Fig. Nr. 146.

Analysis, Höhere, II: Integralrechnung. Von Dr. Friedr. Junker, Rektor des Realgymnasiums u. d. Oberrealschule in Göppingen. Mit 89 Figuren. Nr. 88.

— — **Repetitorium und Aufgabensammlung zur Integralrechnung** von Dr. Friedr. Junker, Rektor des Realgymnasiums und der Oberrealschule in Göppingen. Mit 50 Figuren. Nr. 147.

— **Niedere,** von Prof. Dr. Benedikt Sporer in Ehingen. Mit 5 Fig. Nr. 53.

Arbeiterfrage, Die gewerbliche, von Werner Sombart, Prof. an der Handelshochschule Berlin. Nr. 209.

Arbeiterversicherung siehe: Sozialversicherung.

Archäologie von Dr. Friedrich Koepp, Prof. an der Universität Münster i. W. 3 Bändchen. M. 28 Abb. im Text u. 40 Tafeln. Nr. 538/40.

Arithmetik u. Algebra von Dr. Herm. Schubert, Prof. a. d. Gelehrtenschule des Johanneums in Hamburg. Nr. 47.

— — **Beispielsammlung zur Arithmetik und Algebra** von Dr. Herm. Schubert, Prof. a. d. Gelehrtenschule des Johanneums in Hamburg. Nr. 48.

Armeepferd, Das, und die Versorgung der modernen Heere mit Pferden v. Felix von Damnitz, General der Kavallerie z. D. u. ehemal. Preuß. Remonteinspekteur. Nr. 514.

Armenwesen und Armenfürsorge. Einführung in d. soziale Hilfsarbeit v. Dr. Adolf Weber, Prof. an der Handelshochschule in Köln. Nr. 346.

Ästhetik, Allgemeine, von Prof. Dr. Max Diez, Lehrer a. d. Kgl. Akademie d. bild. Künste in Stuttgart. Nr. 300.

Astronomie. Größe, Bewegung u. Entfernung der Himmelskörper v. A. F. Möbius, neu bearb. von Dr. Herm. Kobold, Prof. an der Universität Kiel. I: Das Planetensystem. Mit 33 Abbildungen. Nr. 11.

— — II: Kometen, Meteore u. das Sternsystem. Mit 15 Figuren und 2 Sternkarten. Nr. 529.

Astronomische Geographie von Dr. Siegm. Günther, Professor an der Technischen Hochschule in München. Mit 52 Abbildungen. Nr. 92.

Astrophysik. Die Beschaffenheit der Himmelskörper v. Prof. W. F. Wislicenus. Neu bearbeitet von Dr. H. Ludendorff in Potsdam. Mit 15 Abbild. Nr. 91.

Ätherische Öle und Riechstoffe von Dr. F. Rochussen in Miltitz. Mit 9 Abbildungen. Nr. 446.

Aufsatzentwürfe v. Oberstudienrat Dr. L. W. Straub, Rektor des Eberhard-Ludwigs-Gymnas. i. Stuttg. Nr. 17.

Ausgleichungsrechnung nach der Methode der kleinsten Quadrate von Wilh. Weitbrecht, Prof. der Geodäsie in Stuttgart. 2 Bändchen. Mit 16 Figuren. Nr. 302 u. 641.

Außereuropäische Erdteile, Länderkunde der, von Dr. Franz Heiderich, Professor an der Exportakademie in Wien. Mit 11 Textkärtchen und Profilen. Nr. 63.

Australien. Landeskunde u. Wirtschaftsgeographie des Festlandes Australien von Dr. Kurt Hassert, Prof. d. Geographie an d. Handels-Hochschule in Köln. Mit 8 Abb., 6 graph. Tab. u. 1 Karte. Nr. 319.

Autogenes Schweiß- und Schneidverfahren von Ingen. Hans Niese in Kiel. Mit 30 Figuren. Nr. 499.

Bade- u. Schwimmanstalten, Öffentliche, v. Dr. Karl Wolff, Stadtoberbaur., Hannover. M. 50 Fig. Nr. 380.

Baden. Badische Geschichte von Dr. Karl Brunner, Prof. am Gymnas. in Pforzheim u. Privatdozent der Geschichte an der Technischen Hochschule in Karlsruhe. Nr. 230.

— **Landeskunde von Baden** von Prof. Dr. O. Kienitz i. Karlsruhe. Mit Profil., Abb. u. 1 Karte. Nr. 199.

Bahnhöfe. Hochbauten der Bahnhöfe v. Eisenbahnbauinspekt. C. Schwab, Vorstand d. Kgl. E.-Hochbausektion Stuttgart II. I: Empfangsgebäude. Nebengebäude. Güterschuppen. Lokomotivschuppen. Mit 91 Abbildungen. Nr. 515.

Balkanstaaten. Geschichte d. christlichen Balkanstaaten (Bulgarien, Serbien, Rumänien, Montenegro, Griechenland) von Dr. K. Roth in Kempten. Nr. 331.

Bankwesen. Technik des Bankwesens von Dr. Walter Conrad, stellvert. Vorsteher der statist. Abteilung der Reichsbank in Berlin. Nr. 484.

Bauführung. **Kurzgefaßtes Handbuch** über das Wesen der Bauführung v. Archit. Emil Beutinger, Assistent an d. Techn. Hochschule in Darmstadt. M. 25 Fig. u. 11 Tabell. **Nr.** 399.

Baukunst, Die, des Abendlandes v. Dr. K. Schäfer, Assist. a. Gewerbemuseum, Bremen. Mit 22 Abb. Nr. 74.

— **des Schulhauses** v. Prof. Dr.-Ing. Ernst Vetterlein, Darmstadt. **I:** Das Schulhaus. M. 38 Abb. Nr. 443.

— — **II:** Die Schulräume — Die Nebenanlagen. M. 31 Abb. Nr. 444.

Bausteine. Die Industrie der künstlichen Bausteine und des Mörtels von Dr. G. Rauter in Charlottenburg. Mit 12 Tafeln. Nr. 234.

Baustoffkunde, Die, v. Prof. H. Haberstroh, Oberl. a. d. Herzogl. Baugewerkschule Holzminden. Mit 36 Abbildungen. Nr. 506.

Bayern. Bayerische Geschichte von Dr. Hans Ockel in Augsburg. Nr. 160.

— **Landeskunde des Königreichs Bayern** v. Dr. W. Götz, Prof. a. d. Kgl. Techn. Hochschule München. M. Profil., Abb. u. 1 Karte. Nr. 176.

Befestigungswesen. Die geschichtliche Entwicklung des Befestigungswesens vom Aufkommen der Pulvergeschütze bis zur Neuzeit von Reuleaux, Major b. Stabe d. 1. Westpreuß. Pionierbataill. Nr. 17. Mit 30 Bildern. Nr. 569.

Beschwerderecht. Das Disziplinar- u. Beschwerderecht für Heer u. Marine v. Dr. Max E. Mayer, Prof. a. d. Univ. Straßburg i. E. Nr. 517.

Betriebskraft, Die zweckmäßigste, von Friedr. Barth, Oberingen. in Nürnberg. 1. Teil: Einleitung. Dampfkraftanlagen. Verschied. Kraftmaschinen. M. 27 Abb. Nr. 224.

— — **II:** Gas-, Wasser- u. Windkraftanlagen. M. 31 Abb. Nr. 225.

— — **III:** Elektromotoren. Betriebskostentabellen. Graph. Darstell. Wahl d. Betriebskraft. M. 27 Abb. Nr. 474.

Bewegungsspiele v. Dr. E. Kohlrausch, Prof. am Kgl. Kaiser Wilhelms-Gymn. zu Hannover. M. 15 Abb. Nr. 96.

Bleicherei. Textil-Industrie III: Wäscherei, Bleicherei, Färberei und ihre Hilfsstoffe v. Dr. Wilh. Massot, Prof. a. d. Preuß. höh. Fachschule für Textilindustrie in Krefeld. Mit 28 Fig. Nr. 186.

Blütenpflanzen, Das System der, mit Ausschluß der Gymnospermen von Dr. R. Pilger, Kustos am Kgl. Botanischen Garten in Berlin-Dahlem Mit 31 Figuren. Nr. 393.

Bodenkunde von Dr. P. Vageler in Königsberg i. Pr. Nr. 455.

Brandenburgisch - Preußische Geschichte von Prof. Dr. M. Thamm, Dir. des Kaiser Wilhelms-Gymnasiums in Montabaur. Nr. 600.

Brasilien. Landeskunde der Republik Brasilien von Bel Rodolpho von Ihering. Mit 12 Abbildungen und 1 Karte. Nr. 373.

Brauereiwesen I: Mälzerei von Dr. Paul Dreverhoff, Dir. der Brauer- u. Mälzerschule zu Grimma. Mit 16 Abbildungen. Nr. 303.

Britisch-Nordamerika. Landeskunde von Britisch-Nordamerika v. Prof. Dr. A. Oppel in Bremen. Mit 13 Abb. und 1 Karte. Nr. 284.

Buchführung in einfachen u. doppelten Posten v. Prof. Rob. Stern, Oberl. d. Öffentl. Handelslehranst. u. Doz. d. Handelshochschule zu Leipzig. M. vielen Formul. Nr. 115.

Buddha von Professor Dr. Edmund Hardy. Nr. 174.

Burgenkunde, Abriß der, von Hofrat Dr. Otto Piper in München. Mit 30 Abbildungen. Nr. 119.

Bürgerliches Gesetzbuch siehe: Recht des BGB.

Byzantinisches Reich. Geschichte des byzantinischen Reiches von Dr. K. Roth in Kempten. Nr. 190.

Chemie, Allgemeine u. physikalische, von Dr. Max Rudolphi, Prof. an der Techn. Hochschule in Darmstadt. Mit 22 Figuren. Nr. 71.

— **Analytische,** von Dr. Johannes Hoppe in München. **I:** Theorie und Gang der Analyse. Nr. 247.

— — **II:** Reaktion der Metalloide und Metalle. Nr. 248.

— **Anorganische,** von Dr. Jos. Klein in Mannheim. Nr. 37.

Chemie, Geschichte der, von Dr. Hugo Bauer, Assist. am chemischen Laboratorium der Kgl. Techn. Hochschule Stuttgart. **I:** Von den ältesten Zeiten bis z. Verbrennungstheorie von Lavoisier. Nr. 264.

— — **II:** Von Lavoisier bis zur Gegenwart. Nr. 265.

— **der Kohlenstoffverbindungen von** Dr. Hugo Bauer, Assistent am chem. Laboratorium d. Kgl. Techn. Hochschule Stuttgart. **I. II:** Aliphatische Verbindungen. 2 Teile. Nr. 191. 192.

— — **III:** Karbocyklische Verbindungen. Nr. 193.

— — **IV:** Heterocyklische Verbindungen. Nr. 194.

— **Organische,** von Dr. Jos. Klein in Mannheim. Nr. 38.

— **Pharmazeutische,** von Privatdozent Dr. E. Mannheim in Bonn. 3 Bändchen. Nr. 543/44 u. 588.

— **Physiologische,** von Dr. med. A. Legahn in Berlin. **I:** Assimilation. Mit 2 Tafeln. Nr. 240.

— — **II:** Dissimilation. M. 1 Tafel. Nr. 241.

— **Toxikologische,** von Privatdozent Dr. E. Mannheim in Bonn. Mit 6 Abbildungen. Nr. 465.

Chemische Industrie, Anorganische, von Dr. Gust. Rauter in Charlottenburg. **I:** Die Leblancsodaindustrie und ihre Nebenzweige. Mit 12 Tafeln. Nr. 205.

— — **II:** Salinenwesen, Kalisalze, Düngerindustrie u. Verwandtes. Mit 6 Tafeln. Nr. 206.

— — **III:** Anorganische chemische Präparate. M. 6 Taf. Nr. 207.

Chemische Technologie, Allgemeine, von Dr. Gust. Rauter in Charlottenburg. Nr. 113.

Chemisch-Technische Analyse von Dr. G. Lunge, Prof. an der Eidgen. Polytechnischen Schule in Zürich. Mit 16 Abbild. Nr. 195.

Christlichen Literaturen des Orients, Die, von Dr. Anton Baumstark. **I:** Einleitung. — Das christlich-aramäische u. d. koptische Schrifttum. Nr. 527.

— — **II:** Das christl.-arab. und das äthiop. Schrifttum. — Das christl. Schrifttum d. Armenier und Georgier. Nr. 528.

Dampfkessel, Die. Kurzgefaßtes Lehrbuch mit Beispielen für das Selbststudium u. den praktischen Gebrauch von Oberingenieur Friedr. Barth in Nürnberg. **I:** Kesselsysteme und Feuerungen. Mit 43 Fig. Nr. 9.

— — **II:** Bau und Betrieb der Dampfkessel. M. 57 Fig. Nr. 521.

Dampfmaschinen, Die. Kurzgefaßtes Lehrbuch mit Beispielen für das Selbststudium und den praktischen Gebrauch von Friedr. Barth, Oberingenieur in Nürnberg. 2 Bdchn. **I:** Wärmetheoretische und dampftechnische Grundlagen. Mit 64 Fig. Nr. 8.

— — **II:** Bau und Betrieb der Dampfmaschinen. Mit 109 Fig. Nr. 572.

Dampfturbinen, Die, ihre Wirkungsweise u. Konstruktion von Ingen. Herm. Wilda, Prof. a. staatl. Technikum in Bremen. Mit 104 Abb. Nr. 274.

Desinfektion von Dr. M. Christian, Stabsarzt a. D. in Berlin. Mit 18 Abbildungen. Nr. 546.

Determinanten von P. B. Fischer, Oberl. a. d. Oberrealsch. z. Groß-Lichterfelde. Nr. 402.

Deutsche Altertümer von Dr. Franz Fuhse, Dir. d. städt. Museums in Braunschweig. M. 70 Abb. Nr. 124.

Deutsche Fortbildungsschulwesen, Das, nach seiner geschichtlichen Entwicklung u. in seiner gegenwärt. Gestalt von H. Siercks, Revisor gewerbl. Fortbildungsschulen in Schleswig. Nr. 392.

Deutsches Fremdwörterbuch von Dr. Rud. Kleinpaul in Leipzig. Nr. 273.

Deutsche Geschichte von Dr. F. Kurze, Prof. a. Kgl. Luisengymnas. in Berlin. **I: Mittelalter** (bis 1519). Nr. 33.

— — **II: Zeitalter der Reformation und der Religionskriege** (1517 bis 1648). Nr. 34.

— — **III: Vom Westfälischen Frieden bis zur Auflösung des alten Reichs** (1648—1806). Nr. 35.

— — siehe auch: Quellenkunde.

Deutsche Grammatik und kurze Geschichte der deutschen Sprache von Schulrat Prof. Dr. O. Lyon in Dresden. Nr. 20.

Deutsche Handelskorrespondenz von Prof. Th. de Beaux, Officier de l'Instruction Publique. Nr. 182.

Deutsches Handelsrecht von Dr. Karl Lehmann, Prof. an der Universität Göttingen. 2 Bde. Nr. 457 u. 458.

Deutsche Heldensage, Die, von Dr. Otto Luitpold Jiriczek, Prof. an d. Universität Würzburg. Nr. 32.

Deutsche Kirchenlied, Das, in seinen charakteristischen Erscheinungen ausgewählt v. D. Friedrich Spitta, Prof. a. d. Universität in Straßburg i. E. **I: Mittelalter u. Reformationszeit.** Nr. 602.

Deutsches Kolonialrecht von Prof. Dr. H. Edler von Hoffmann, Studiendirektor der Akademie für kommunale Verwaltung in Düsseldorf. Nr. 318.

Deutsche Kolonien. I: Togo und Kamerun von Prof. Dr. K. Dove. Mit 16 Tafeln u. 1 lithogr. Karte. Nr. 441.

— **II: Das Südseegebiet und Kiautschou** von Prof. Dr. K. Dove. Mit 16 Tafeln u. 1 lith. Karte. Nr. 520.

— **III: Ostafrika** von Prof. Dr. K. Dove. Mit 16 Tafeln u. 1 lithogr. Karte. Nr. 567.

— **IV: Südwestafrika** von Prof. Dr. K. Dove. Mit 16 Taf. u. 1 lithogr. Karte. Nr. 637.

Deutsche Kulturgeschichte von Dr. Reinh. Günther. Nr. 56.

Deutsches Leben im 12. u. 13. Jahrhundert. Realkommentar zu den Volks- u. Kunstepen u. zum Minnesang. Von Prof. Dr. Jul. Dieffenbacher in Freiburg i. B. **I: Öffentliches Leben.** Mit zahlreichen Abbildungen. Nr. 93.

— — **II: Privatleben.** Mit zahlreichen Abbildungen. Nr. 328.

Deutsche Literatur des 13. Jahrhunderts. Die Epigonen d. höfischen Epos. Auswahl a. deutschen Dichtungen des 13. Jahrhunderts von Dr. Viktor Junk, Aktuarius der Kaiserlichen Akademie der Wissenschaften in Wien. Nr. 289.

Deutsche Literaturdenkmäler des 14. u. 15. Jahrhunderts. Ausgewählt und erläutert von Dr. Hermann Jantzen, Direktor d. Königin Luise-Schule in Königsberg i. Pr. Nr. 181.

Deutsche Literaturdenkmäler des 16. Jahrhunderts. I: Martin Luther u. Thom. Murner. Ausgewählt u. mit Einleitungen u. Anmerkungen versehen von Prof. G. Berlit, Oberlehrer am Nikolaigymnasium zu Leipzig. Nr. 7.

— — **II: Hans Sachs.** Ausgewählt u. erläut. v. Prof. Dr. J. Sahr. Nr. 24.

Deutsche Literaturdenkmäler des 16. Jahrhunderts. III: Von Brant bis Rollenhagen: Brant, Hutten, Fischart, sowie Tierepos u. Fabel. Ausgew. u. erläut. von Prof. Dr. Julius Sahr. Nr. 36.

— **des 17. und 18. Jahrhunderts bis Klopstock. I: Lyrik** von Dr. Paul Legband in Berlin. Nr. 364.

— — **II: Prosa** v. Dr. Hans Legband in Kassel. Nr. 365.

Deutsche Literaturgeschichte von Dr. Max Koch, Prof. an der Universität Breslau. Nr. 31.

— **der Klassikerzeit** v. Carl Weitbrecht, durchgesehen u. ergänzt v. Karl Berger. Nr. 161.

— **des 19. Jahrhunderts** von Carl Weitbrecht, neu bearbeitet von Dr. Rich. Weitbrecht in Wimpfen. I. II. Nr. 134. 135.

Deutschen Mundarten, Die, von Prof. Dr. H. Reis in Mainz. Nr. 605.

Deutsche Mythologie. Germanische Mythologie von Dr. Eugen Mogk, Prof. a. d. Univers. Leipzig. Nr. 15.

Deutschen Personennamen, Die, v. Dr. Rud. Kleinpaul i. Leipzig. Nr. 422.

Deutsche Poetik von Dr. K. Borinski, Prof. a. d. Univ. München. Nr. 40.

Deutsche Rechtsgeschichte v. Dr. Richard Schröder, Prof. a. d. Univers. Heidelberg. **I:** Bis z. Mittelalter. Nr. 621.

— — **II:** Die Neuzeit. Nr. 664.

Deutsche Redelehre von Hans Probst, Gymnasialprof. i. Bamberg. Nr. 61.

Deutsche Schule, Die, im Auslande von Hans Amrhein, Seminaroberlehrer in Rheydt. Nr. 259.

Deutsches Seerecht v. Dr. Otto Brandis, Oberlandesgerichtsrat in Hamburg. **I:** Allgem. Lehren: Personen u. Sachen d. Seerechts. Nr. 386.

— — **II:** Die einz. seerechtl. Schuldverhältnisse: Verträge des Seerechts u. außervertragliche Haftung. Nr. 387.

Deutsche Stadt, Die, und ihre Verwaltung. Eine Einführung i. d. Kommunalpolitik d. Gegenw. Herausgeg. v. Dr. Otto Most, Beigeordn. d. Stadt Düsseldorf. **I:** Verfassung u. Verwaltung im allgemeinen; Finanzen und Steuern; Bildungs- und Kunstpflege; Gesundheitspflege. Nr. 617.
— — **II:** Wirtschafts- u. Sozialpolitik. Nr. 662.
— — **III:** Technik: Städtebau, Tief- u. Hochbau. Mit 48 Abb. Nr. 663.
Deutsche Stammeskunde v. Dr. Rud. Much, a. o. Prof. a. d. Univ. Wien. Mit 2 Kart. u. 2 Taf. Nr. 126.
Deutsches Unterrichtswesen. Geschichte des deutschen Unterrichtswesens v. Prof. Dr. Friedrich Seiler, Direktor des Kgl. Gymnasiums zu Luckau. **I: Von Anfang an bis zum Ende** des 18. Jahrhunderts. Nr. 275.
— — **II:** Vom Beginn d. 19. Jahrh. bis auf die Gegenwart. Nr. 276.
Deutsche Urheberrecht, Das, an literarischen, künstlerischen u. gewerblichen Schöpfungen, mit besonderer Berücksichtigung der internat. Verträge v. Dr. Gust. Rauter, Patentanwalt in Charlottenburg. Nr. 263.
Deutsche Volkslied, Das, ausgewählt u. erläutert von Prof. Dr. Jul. Sahr. 2 Bändchen. Nr. 25 u. 132.
Deutsche Wehrverfassung von Karl Endres, Geheimer Kriegsrat u. vortragender Rat im Kriegsministerium in München. Nr. 401.
Deutsches Wörterbuch v. Dr. Richard Loewe. Nr. 64.
Deutsche Zeitungswesen, Das, von Dr. Robert Brunhuber in Köln a. Rh. Nr. 400.
Deutsches Zivilprozeßrecht von Prof. Dr. Wilhelm Kisch in Straßburg i. E. 3 Bände. Nr. 428—430.
Deutschland in römischer Zeit von Dr. Franz Cramer, Provinzialschulrat zu Münster i. W. Mit 23 Abbildungen. Nr. 633.
Dichtungen aus mittelhochdeutscher Frühzeit. In Ausw. mit Einltg. u. Wörterb. herausgeg. v. Dr. Herm. Jantzen, Direktor d. Königin Luise-Schule i. Königsberg i. Pr. Nr. 137.
Dietrichepen. Kudrun und Dietrichepen. Mit Einleitung u. Wörterbuch von Dr. O. L. Jiriczek, Prof. a. d. Universität Würzburg. Nr. 10.
Differentialrechnung von Dr. Friedr. Junker, Rektor d. Realgymnasiums u. der Oberrealschule in Göppingen. Mit 68 Figuren. Nr. 87.
— **Repetitorium u. Aufgabensammlung zur Differentialrechnung** von Dr. Friedr. Junker, Rektor d. Realgymnasiums u. d. Oberrealschule in Göppingen. Mit 46 Fig. Nr. 146.
Drogenkunde von Rich. Dorstewitz in Leipzig und Georg Ottersbach in Hamburg. Nr. 413.
Druckwasser- und Druckluft-Anlagen. Pumpen, Druckwasser- u. Druckluft-Anlagen von Dipl.-Ingen. Rudolf Vogdt, Regierungsbaumstr. a. D. in Aachen. Mit 87 Fig. Nr. 290.
Eddalieder mit Grammatik, Übersetzg. u. Erläuterungen von Dr. Wilhelm Ranisch, Gymnasialoberlehrer in Osnabrück. Nr. 171.
Eisenbahnbau. Die Entwicklung des modernen Eisenbahnbaues v. Dipl. Ing. Alfred Birk, o. ö. Prof. a. d. k. k. Deutschen Techn. Hochschule in Prag. Mit 27 Abbild. Nr. 553.
Eisenbahnen, Die Linienführung der, von H. Wegele, Professor an der Techn. Hochschule in Darmstadt. Mit 52 Abbildungen. Nr. 623.
Eisenbahnfahrzeuge von H. Hinnenthal, Regierungsbaumeister u. Oberingen. in Hannover. **I:** Die Lokomotiven. Mit 89 Abbild. im Text und 2 Tafeln. Nr. 107.
— — **II:** Die Eisenbahnwagen und Bremsen. Mit Anh.: Die Eisenbahnfahrzeuge im Betrieb. Mit 56 Abb. im Text u. 3 Taf. Nr. 108.
Eisenbahnpolitik. Geschichte d. deutschen Eisenbahnpolitik v. Betriebsinspektor Dr. Edwin Kech in Karlsruhe i. B. Nr. 533.
Eisenbahnverkehr, Der, v. Kgl. Eisenbahn-Rechnungsdirektor Th. Wilbrand in Berlin-Friedenau. Nr. 618.
Eisenbetonbau, Der, v. Reg.-Baumstr. Karl Rößle. Mit 75 Abbildungen. Nr. 349.
Eisenbetonbrücken von Dr.-Ing. K. W. Schaechterle in Stuttgart. Mit 104 Abbildungen. Nr. 627.
Eisenhüttenkunde von A. Krauß, dipl. Hütteningenieur. **I:** Das Roheisen. Mit 17 Fig. u. 4 Taf. Nr. 152.
— — **II:** Das Schmiedeisen. M. 25 Fig. u. 5 Taf. Nr. 153.

Eisenkonstruktionen im Hochbau von Ingen. Karl Schindler in Meißen. Mit 115 Figuren. Nr. 322.

Eiszeitalter, Das, v. Dr. Emil Werth in Berlin-Wilmersdorf. Mit 17 Abbildungen und 1 Karte. Nr. 431.

Elastizitätslehre für Ingenieure I: Grundlagen und Allgemeines über Spannungszustände, Zylinder, Ebene Platten, Torsion, Gekrümmte Träger. Von Dr.-Ing. Max Enßlin, Prof. a. d. Kgl. Baugewerkschule Stuttgart und Privatdozent a. d. Techn. Hochschule Stuttgart. Mit 60 Abbild. Nr. 519.

Elektrischen Meßinstrumente, Die, von J. Herrmann, Prof. an der Techn. Hochschule in Stuttgart. Mit 195 Figuren. Nr. 477.

Elektrische Telegraphie, Die, von Dr. Lud. Rellstab. Mit 19 Fig. Nr. 172.

Elektrizität. Theoret. Physik III: Elektrizität u. Magnetismus von Dr. Gust. Jäger, Prof. a. d. Techn. Hochschule in Wien. Mit 33 Abbildgn. Nr. 78.

Elektrochemie von Dr. Heinr. Danneel in Genf. I: Theoretische Elektrochemie u. ihre physikalisch-chemischen Grundlagen. Mit 16 Fig. Nr. 252.

— — II: Experiment. Elektrochemie, Meßmethoden, Leitfähigkeit, Lösungen. Mit 26 Fig. Nr. 253.

Elektromagnet. Lichttheorie. Theoret. Physik IV: Elektromagnet. Lichttheorie u. Elektronik von Professor Dr. Gust. Jäger in Wien. Mit 21 Figuren. Nr. 374.

Elektrometallurgie von Dr. Friedrich Regelsberger, Kaiserl. Reg.-Rat in Steglitz-Berlin. M. 16 Fig. Nr. 110.

Elektrotechnik. Einführung in die Starkstromtechnik v. J. Herrmann, Prof. d. Elektrotechnik an der Kgl. Techn. Hochschule Stuttgart. I: Die physikalischen Grundlagen. Mit 95 Fig. u. 16 Taf. Nr. 196.

— — II: Die Gleichstromtechnik. Mit 118 Fig. und 16 Taf. Nr. 197.

— — III: Die Wechselstromtechnik. Mit 154 Fig. u. 16 Taf. Nr. 198.

Elektrotechnik. Die Materialien des Maschinenbaues und der Elektrotechnik von Ingenieur Prof. Hermann Wilda in Bremen. Mit 3 Abbildgn. Nr. 476.

Elsaß-Lothringen, Landeskunde von, v. Prof. Dr. R. Langenbeck in Straßburg i. E. Mit 11 Abbild. u. 1 Karte. Nr. 215.

Englisch-deutsches Gesprächsbuch von Prof. Dr. E. Hausknecht in Lausanne. Nr. 424.

Englische Geschichte v. Prof. L. Gerber, Oberlehrer in Düsseldorf. Nr. 375.

Englische Handelskorrespondenz von E. E. Whitfield, M. A., Oberlehrer an King Edward VII Grammar School in King's Lynn. Nr. 237.

Englische Literaturgeschichte von Dr. Karl Weiser in Wien. Nr. 69.

— — **Grundzüge und Haupttypen d. englischen Literaturgeschichte** von Dr. Arnold M. M. Schröer, Prof. an der Handelshochschule in Köln. 2 Teile. Nr. 286, 287.

Englische Phonetik mit Lesestücken von Dr. A. C. Dunstan, Lektor an der Univers. Königsberg i. Pr. Nr. 601.

Entwicklungsgeschichte der Tiere von Dr. Johannes Meisenheimer, Prof. der Zoologie an der Universität Jena. I: Furchung, Primitivanlagen, Larven, Formbildung, Embryonalhüllen. Mit 48 Figuren. Nr. 378.

— — II: Organbildung. Mit 46 Fig. Nr. 379.

Epigonen, Die, des höfischen Epos. Auswahl aus deutschen Dichtungen des 13. Jahrhunderts von Dr. Viktor Junk, Aktuarius der Kaiserlichen Akademie der Wissenschaften in Wien. Nr. 289.

Erdbau von Reg.-Baum. Erwin Link in Stuttgart. Mit vielen Abbild. Nr. 630.

Erdmagnetismus, Erdstrom u. Polarlicht von Dr. A. Nippoldt, Mitglied des Königl. Preußischen Meteorologischen Instituts in Potsdam. Mit 7 Tafeln und 16 Figuren. Nr. 175.

Erdteile, Länderkunde der außereuropäischen, von Dr. Franz Heiderich, Professor an der Exportakademie in Wien. Mit 11 Textkärtchen und Profilen. Nr. 63.

Ernährung und Nahrungsmittel von Oberstabsarzt Professor H. Bischoff in Berlin. Mit 4 Abbild. Nr. 464.

Ethik von Prof. Dr. Thomas Achelis in Bremen. Nr. 90.

Europa, Länderkunde von, von Dr. Franz Heiderich, Prof. a. d. Exportakademie in Wien. Mit 14 Textkärtchen u. Diagrammen u. einer Karte der Alpeneinteilung. Nr. 62.

Exkursionsflora von Deutschland zum Bestimmen d. häufigeren i. Deutschland wildwachsenden Pflanzen von Dr. W. Migula, Prof. an der Forstakademie Eisenach. 2 Teile Mit je 50 Abbildungen. Nr. 268 und 269.

Experimentalphysik v. Prof. R. Lang in Stuttgart. I: Mechanik der festen, flüssigen und gasigen Körper. Mit 125 Figuren. Nr. 611.

Explosivstoffe. Einführung in d. Chemie der explosiven Vorgänge von Dr. H. Brunswig in Steglitz. Mit 6 Abbild. und 12 Tab. Nr. 333.

Familienrecht. Recht d. Bürgerlichen Gesetzbuches. Viertes Buch: Familienrecht von Dr. Heinrich Titze, Prof. a. d. Univ. Göttingen. Nr. 305.

Färberei. Textil-Industrie III: Wäscherei, Bleicherei, Färberei und ihre Hilfsstoffe von Dr. Wilhelm Massot, Prof. an der Preußischen höheren Fachschule f. Textilindustrie in Krefeld. Mit 28 Fig. Nr. 186.

Feldgeschütz, Das moderne, v. Oberstleutnant W. Heydenreich, Militärlehrer a. d. Militärtechn. Akademie in Berlin. I: Die Entwicklung des Feldgeschützes seit Einführung des gezogenen Infanteriegewehrs bis einschl. der Erfindung des rauchl. Pulvers, etwa 1850 bis 1890. Mit 1 Abbild. Nr. 306.

— — II: Die Entwicklung d. heutigen Feldgeschützes auf Grund der Erfindung des rauchlosen Pulvers, etwa 1890 bis zur Gegenwart. Mit 11 Abbild. Nr. 307

Fernsprechwesen, Das, von Dr. Ludwig Rellstab in Berlin. Mit 47 Fig. und 1 Tafel. Nr. 155.

Festigkeitslehre v. W. Hauber, Dipl.-Ingenieur. Mit 56 Fig. Nr. 288.

— **Aufgabensammlung zur Festigkeitslehre mit Lösungen** von R. Haren, Diplom-Ingenieur in Mannheim. Mit 42 Fig. Nr. 491.

Fette, Die, und Öle sowie die Seifen- u. Kerzenfabrikat. u. d. Harze, Lacke, Firnisse m. ihren wicht. Hilfsstoffen von Dr. Karl Braun in Berlin. I: Einf. in d. Chemie, Besprech. einiger Salze u. d. Fette u. Öle. Nr. 335.

— — II: Die Seifenfabrikation, die Seifenanalyse und die Kerzenfabrikation. Mit 25 Abbild. Nr. 336.

— — III: Harze, Lacke, Firnisse. Nr. 337.

Feuerwaffen. Geschichte d. gesamten Feuerwaffen bis 1850. Die Entwicklung der Feuerwaffen v. ihrem ersten Auftreten bis zur Einführung der gezogenen Hinterlader, unter besonderer Berücksichtig. d. Heeresbewaffnung von Major a. D. W. Gohlke, Steglitz-Berlin. Mit 105 Abbildungen. Nr. 530.

Feuerwerkerei, Die, von Direktor Dr. Alfons Bujard, Vorstand des Städtischen Chemischen Laboratoriums in Stuttgart. Mit 6 Fig. Nr. 634.

Filzfabrikation. Textil-Industrie II: Weberei, Wirkerei, Posamentiererei, Spitzen- und Gardinenfabrikation und Filzfabrikation von Professor Max Gürtler, Geh. Regierungsr. im Kgl. Landesgewerbeamt zu Berlin. Mit 29 Fig. Nr. 185.

Finanzsysteme der Großmächte, Die, (Internat. Staats- und Gemeinde-Finanzwesen) v. O. Schwarz, Geh. Oberfinanzrat in Berlin. 2 Bändchen. Nr. 450 und 451.

Finanzwissenschaft von Präsident Dr. R. van der Borght in Berlin. I: Allgemeiner Teil. Nr. 148.

— — II: Besonderer Teil (Steuerlehre). Nr. 391.

Finnisch-ugrische Sprachwissenschaft von Dr. Josef Szinnyei, Prof. an der Universität Budapest. Nr. 463.

Finnland. Landeskunde des Europäischen Rußlands nebst Finnlands von Prof. Dr. A. Philippson in Halle a. S. Nr. 359.

Firnisse. Harze, Lacke, Firnisse von Dr. Karl Braun in Berlin. (Fette und Öle III.) Nr. 337.

Fische. Das Tierreich IV: Fische von Prof. Dr. Max Rauther in Neapel. Mit 37 Abbild. Nr. 356.

Fischerei und Fischzucht von Dr. Karl Eckstein, Prof. a. d. Forstakademie Eberswalde, Abteilungsdirigent bei der Hauptstation des forstlichen Versuchswesens. Nr. 159.

Flora. Exkursionsflora von Deutschland zum Bestimmen der häufigeren in Deutschland wildwachsenden Pflanzen v. Dr. W. Migula, Prof. a. d. Forstakademie Eisenach. 2 Teile. Mit je 50 Abbild. Nr. 268, 269.

Flußbau von Regierungsbaumeister Otto Rappold in Stuttgart. Mit 103 Abbildungen. Nr. 597.

Forensische Psychiatrie von Professor Dr. W. Weygandt, Dir. d. Irrenanstalt Friedrichsberg i. Hamburg. 2 Bändchen. Nr. 410 u. 411.

Forstwissenschaft v. Dr. Ad. Schwappach, Prof. a. d. Forstakademie Eberswalde, Abteilungsdirig. bei d. Hauptstation d. forstl. Versuchswesens. Nr. 106.

Fortbildungsschulwesen, Das deutsche, nach seiner geschichtl. Entwicklung u. i. sein. gegenwärt. Gestalt v. H. Sierds, Revisor gewerbl. Fortbildungsschulen in Schleswig. Nr. 392.

Franken. Geschichte Frankens v. Dr. Christ. Meyer, Kgl. preuß. Staatsarchivar a. D., München. Nr. 434.

Frankreich. Französische Geschichte v. Dr. R. Sternfeld, Prof. an der Universität Berlin. Nr. 85.

Frankreich. Landesk. v. Frankreich v. Dr. Rich. Neuse, Direkt. d. Oberrealschule in Spandau. 1. Bändch. M. 23 Abb. im Text u. 16 Landschaftsbild. auf 16 Taf. Nr. 466.

— — 2. Bändchen. Mit 15 Abb. im Text, 18 Landschaftsbild. auf 16 Tafeln u. 1 lithogr. Karte. Nr. 467.

Französisch-deutsches Gesprächsbuch von C. Francillon, Lektor am orientalisch. Seminar u. an d. Handelshochschule in Berlin. Nr. 596.

Französische Handelskorrespondenz v. Prof. Th. de Beaux, Officier de l'Instruction Publique. Nr. 183.

Französisches Lesebuch mit Wörterverzeichnis von Cyprien Francillon, Lektor a. oriental. Seminar u. a. d. Handelshochschule i. Berlin. Nr. 643.

Fremdwort, Das, im Deutschen v. Dr. Rud. Kleinpaul, Leipzig. Nr. 55.

Fremdwörterbuch, Deutsches, von Dr. Rud. Kleinpaul, Leipzig. Nr. 273.

Fuge. Erläuterung u. Anleitung zur Komposition derselben v. Prof. Stephan Krehl in Leipzig. Nr. 418.

Funktionentheorie, Einleitung in die, (Theorie der komplexen Zahlenreihen) v. Max Rose, Oberlehrer an der Goetheschule in Deutsch-Wilmersdorf. Mit 10 Fig. Nr. 581.

Fußartillerie, Die, ihre Organisation, Bewaffnung u. Ausbildg. v. Splett, Oberleutnant im Lehrbataillon der Fußartillerie-Schießschule u. Biermann, Oberleutnant in der Versuchsbatter. d. Artillerie-Prüfungskommission. Mit 35 Fig. Nr. 560.

Gardinenfabrikation. Textilindustrie II: Weberei, Wirkerei, Posamentiererei, Spitzen- u. Gardinenfabrikation u. Filzfabrikation von Prof. Max Gürtler, Geh. Reg.-Rat im Kgl. Landesgewerbeamt zu Berlin. Mit 29 Figuren. Nr. 185.

Gas- und Wasserinstallationen mit Einschluß der Abortanlagen von Prof. Dr. phil. und Dr.-Ingen. Eduard Schmitt in Darmstadt. Mit 119 Abbildungen. Nr. 412.

Gaskraftmaschinen, Die, v. Ing. Alfred Kirschke in Kiel. 2 Bändchen. Mit vielen Figuren. Nr. 316 u. 651.

Gasthäuser und Hotels von Architekt Max Wöhler in Düsseldorf. **I:** Die Bestandteile u. die Einrichtung des Gasthauses. Mit 70 Fig. Nr. 525.

— — **II:** Die verschiedenen Arten von Gasthäusern. Mit 82 Fig. Nr. 526.

Gebirgsartillerie. Die Entwicklung der Gebirgsartillerie von Klußmann, Oberst u. Kommandeur der 1. Feld-Art.-Brigade in Königsberg i. Pr. Mit 78 Bildern und Übersichtstafeln. Nr. 531.

Genossenschaftswesen, Das, in Deutschland v. Dr. Otto Lindecke in Düsseldorf. Nr. 384.

Geodäsie von Prof. Dr. C. Reinhertz in Hannover. Neubearbeitet von Dr. G. Förster, Observator a. Geodätisch. Inst. Potsdam. M. 68 Abb. Nr. 102.

— **Vermessungskunde** v. Diplom-Ing. P. Werkmeister, Oberlehrer an der Kais. Techn. Schule i. Straßburg i. E. **I:** Feldmessen u. Nivellieren. Mit 146 Abb. **II:** Der Theodolit. Trigonometrische und barometr. Höhenmessung. Tachymetrie. Mit 109 Abbildungen. Nr. 468, 469.

Geographie, Geschichte der, von Prof. Dr. Konrad Kretschmer i. Charlottenburg. Mit 11 Kart. im Text. Nr. 624.

Geologie in kurzem Auszug f. Schulen u. zur Selbstbelehrung zusammengestellt v. Prof. Dr. Eberh. Fraas in Stuttgart. Mit 16 Abbild. u. 4 Tafeln mit 51 Figuren. Nr. 13.

Geometrie, Analytische, der Ebene v. Prof. Dr. M. Simon in Straßburg. Mit 52 Figuren. Nr. 65.

— — **Aufgabensammlung zur Analytischen Geometrie der Ebene** von O. Th. Bürklen, Professor am Kgl. Realgymnasium in Schwäb.-Gmünd. Mit 32 Fig. Nr. 256.

— — **des Raumes** von Prof. Dr M. Simon in Straßburg. Mit 28 Abbildungen. Nr. 89.

— — **Aufgabensammlung zur Analytischen Geometrie des Raumes** von O. Th. Bürklen, Professor am Kgl. Realgymnasium in Schwäb.-Gmünd. Mit 8 Fig. Nr. 309.

— **Darstellende,** von Dr. Robert Haußner, Prof. an d. Univ. Jena. I. Mit 110 Figuren. Nr. 142.

— — II. Mit 40 Figuren. Nr. 143.

— **Ebene,** von G. Mahler, Professor am Gymnasium in Ulm. Mit 111 zweifarbigen Figuren. Nr. 41.

— **Projektive,** in synthet. Behandlung von Dr. Karl Doehlemann, Prof. an der Universität München. Mit 91 Figuren. Nr. 72.

Geometrische Optik, Einführung in die, von Dr. W. Hinrichs in Wilmersdorf-Berlin. Nr. 532.

Geometrisches Zeichnen von H. Becker, Architekt u. Lehrer an der Baugewerkschule in Magdeburg, neubearbeitet von Prof. J. Vonderlinn in Münster. Mit 290 Figuren und 23 Tafeln im Text. Nr. 58.

Germanische Mythologie von Dr. E. Mogk, Prof. a. d. Univ. Leipzig. Nr. 15.

Germanische Sprachwissenschaft von Dr. Rich. Loewe. Nr. 238.

Gesangskunst. Technik der deutschen Gesangskunst von Osk. Noë u. Dr. Hans Joachim Moser. Nr. 576.

Geschäfts- und Warenhäuser v. Hans Schliepmann, Königl. Baurat in Berlin. I: Vom Ladenzum „Grand Magasin". Mit 23 Abb. Nr. 655.

Geschäfts- und Warenhäuser v. Hans Schliepmann, Königl. Baurat in Berlin. II: Die weitere Entwickelung der Kaufhäuser Mit 39 Abbildungen. Nr. 656.

Geschichtswissenschaft, Einleitung in die, v. Dr. Ernst Bernheim, Prof. an der Univ. Greifswald. Nr. 270.

Geschütze, Die modernen, der Fußartillerie v. Mummenhoff, Major u. Lehrer an d. Fußartillerie-Schießschule in Jüterbog. I: Vom Auftreten d. gezogenen Geschütze bis zur Verwendung des rauchschwachen Pulvers 1850—1890. Mit 50 Textbildern. Nr. 334.

— — II: Die Entwicklung der heutigen Geschütze der Fußartillerie seit Einführung des rauchschwachen Pulvers 1890 bis zur Gegenwart. Mit 33 Textbildern. Nr. 362.

Geschwindigkeitsregler der Kraftmaschinen, Die, von Dr.-Ing. H. Kröner in Friedberg. Mit 33 Figuren. Nr. 604.

Gesetzbuch, Bürgerliches, siehe: Recht des Bürgerlichen Gesetzbuches.

Gesundheitslehre. Der menschliche Körper, sein Bau und seine Tätigkeiten v. E. Rebmann, Oberschulrat in Karlsruhe. Mit Gesundheitslehre von Dr. med. H. Seiler. Mit 47 Abbild. u. 1 Tafel. Nr. 18.

Gewerbehygiene von Dr. E. Roth in Potsdam. Nr. 350.

Gewerbewesen von Werner Sombart, Professor an der Handelshochschule Berlin. I. II. Nr. 203, 204.

Gewerbliche Arbeiterfrage, Die, von Werner Sombart, Prof. a. d. Handelshochschule Berlin. Nr. 209.

Gewerbliche Bauten. Industrielle und gewerbliche Bauten (Speicher, Lagerhäuser u. Fabriken) v. Architekt Heinr. Salzmann in Düsseldorf. I: Allgemeines über Anlage und Konstruktion der industriellen und gewerblichen Bauten. Nr. 511.

— — II: Speicher und Lagerhäuser. Mit 123 Figuren. Nr. 512.

Gewichtswesen. Maß-, Münz- u. Gewichtswesen von Dr. Aug. Blind, Prof. a. d. Handelsschule in Köln. Nr. 283.

Gießereimaschinen von Dipl.-Ing. Emil Treiber in Heidenheim a. B. Mit 51 Figuren. Nr. 548.

Heizung u. Lüftung v. Ing. Johannes Körting in Düsseldorf. **II:** Die Ausführung d. Heizungs- u. Lüftungsanlagen. Mit 191 Figuren. Nr. 343.

Hessen. Landeskunde des Großherzogtums Hessen, der Provinz Hessen-Nassau und des Fürstentums Waldeck v. Prof. Dr. Georg Greim in Darmstadt. Mit 13 Abbildungen und 1 Karte. Nr. 376.

Hieroglyphen von Geh. Regier.-Rat Dr. Ad. Erman, Prof. an der Universität Berlin. Nr. 608.

Hochspannungstechnik, Einführ. in die moderne, von Dr.-Ing. K. Fischer in Hamburg-Bergedorf. Mit 92 Fig. Nr. 609.

Holz, Das. Aufbau, Eigenschaften u. Verwendung v. Ing. Prof. Herm. Wilda in Bremen. Mit 33 Abb. Nr. 459.

Hotels. Gasthäuser und Hotels von Archit. Max Wöhler in Düsseldorf. **I:** Die Bestandteile u. d. Einrichtg. d. Gasthauses. M. 70 Fig. Nr. 525.

— — **II:** Die verschiedenen Arten von Gasthäusern. Mit 82 Figuren. Nr. 526.

Hydraulik v. W. Hauber, Dipl.-Ing. in Stuttgart. Mit 44 Figuren. Nr. 397.

Hygiene des Städtebaus, Die, von Prof. H. Chr. Nußbaum in Hannover. Mit. 30 Abb. Nr. 348.

— **des Wohnungswesens, Die,** von Prof. H. Chr. Nußbaum in Hannover. Mit 5 Abbild. Nr. 363.

Iberische Halbinsel. Landeskunde der Iberischen Halbinsel von Dr. Fritz Regel, Prof. a. d. Univ. Würzburg. M. 8 Kärtchen u. 8 Abb. im Text u. 1 Karte in Farbendruck. Nr. 235.

Indische Religionsgeschichte von Prof. Dr. Edmund Hardy. Nr. 83.

Indogerman. Sprachwissenschaft von Dr. R. Meringer, Professor an der Univers. Graz. M. 1 Tafel. Nr. 59.

Industrielle u. gewerbliche Bauten (Speicher, Lagerhäuser u. Fabriken) von Architekt Heinr. Salzmann in Düsseldorf. **I:** Allgemeines üb. Anlage u. Konstruktion d. industriellen u. gewerblichen Bauten. Nr. 511.

— — **II:** Speicher und Lagerhäuser. Mit 123 Figuren. Nr. 512.

Infektionskrankheiten, Die, und ihre Verhütung von Stabsarzt Dr. W. Hoffmann in Berlin. Mit 12 vom Verfasser gezeichneten Abbildungen und einer Fiebertafel. Nr. 327.

Insekten. Das Tierreich V: Insekten von Dr. J. Groß in Neapel (Stazione Zoologica). Mit 56 Abbildungen. Nr. 594.

Instrumentenlehre v. Musikdir. Franz Mayerhoff in Chemnitz. **I:** Text. Nr. 437.

— — **II:** Notenbeispiele. Nr. 438.

Integralrechnung von Dr. Friedr. Junker, Rekt. d. Realgymnasiums u. d. Oberrealschule in Göppingen. Mit 89 Figuren. Nr. 88.

— **Repetitorium u. Aufgabensammlung zur Integralrechnung** von Dr. Friedr. Junker, Rekt. d. Realgymnasiums u. der Oberrealschule in Göppingen. M. 52 Fig. Nr. 147.

Israel. Geschichte Israels bis auf die griechische Zeit von Lic. Dr. J. Benzinger. Nr. 231.

Italienische Handelskorrespondenz v. Prof. Alberto de Beaux, Oberlehrer am Königl. Institut S. S. Annunziata in Florenz. Nr. 219.

Italienische Literaturgeschichte von Dr. Karl Voßler, Professor an der Universität München. Nr. 125.

Kalkulation, Die, im Maschinenbau von Ingen. H. Bethmann, Dozent am Technikum Altenburg. Mit 63 Abbildungen. Nr. 486.

Kältemaschinen. Die thermodynamischen Grundlagen der Wärmekraft- und Kältemaschinen von M. Röttinger, Dipl.-Ing. in Mannheim. Mit 73 Figuren. Nr. 2.

Kamerun. Die deutschen Kolonien I: Togo und Kamerun von Prof. Dr. Karl Dove. Mit 16 Tafeln und einer lithogr. Karte. Nr. 441.

Kanal- und Schleusenbau von Regierungsbaumeister Otto Rappold in Stuttgart. Mit 78 Abb. Nr. 585.

Kant, Immanuel. (Geschichte der Philosophie Bd. 5) von Dr. Bruno Bauch, Prof. a. d. Univ. Jena. Nr. 536.

Kartell u. Trust v. Dr. S. Tschierschky in Düsseldorf. Nr. 522

Kartenkunde von Dr. M. Groll, Kartograph i. Berlin. 2 Bändchen. **I:** Die Projektionen. Mit 56 Fig. Nr. 30.

Kartenkunde von Dr. M. Groll, Kartograph in Berlin. **II: Der Karteninhalt und das Messen auf Karten.** Mit 39 Fig. Nr. 599.

Kartographische Aufnahmen u. geograph. Ortsbestimmung auf Reisen von Dr.-Ing. R. Hugershoff, Prof. an der Forstakademie zu Tharandt. Mit 73 Figuren. Nr 607.

Kaufmännische Rechtskunde. I: Das Wechselwesen v. Rechtsanwalt Dr. Rud. Mothes in Leipzig. Nr. 103.

— **II:** Der Handelsstand v. Rechtsanwalt Dr. jur. Bruno Springer, Leipzig. Nr. 545.

Kaufmännisches Rechnen von Prof. Richard Just, Oberlehrer a. d. Öffentl. Handelslehranstalt d. Dresdener Kaufmannschaft. I. II. III. Nr. 139, 140, 187.

Keramische Industrie. Die Industrie der Silikate, der künstlichen Bausteine und des Mörtels von Dr. Gust. Rauter. I: Glas- u. keram. Industrie. Mit 12 Taf. Nr. 233.

Kerzenfabrikation. Die Seifenfabrikation, die Seifenanalyse und die Kerzenfabrikation von Dr. Karl Braun in Berlin. (Die Fette u. Öle II.) Mit 25 Abb. Nr. 336.

Kiautschou. Die deutschen Kolonien II: Das Südseegebiet und Kiautschou v. Prof. Dr. K. Dove. Mit 16 Taf. u. 1 lithogr. Karte. Nr. 520.

Kinematik von Dipl.-Ing. Hans Polster, Assist. a. d. Kgl. Techn. Hochschule Dresden. M. 76 Abb. Nr. 584.

Kirchenrecht v. Dr. E. Sehling, ord. Prof. d. Rechte in Erlangen. Nr. 377.

Klima und Leben (Bioklimatologie) von Dr. Wilh. R. Eckardt, Assist. an der öffentl. Wetterdienststelle in Weilburg. Nr. 629.

Klimakunde I: Allgemeine Klimalehre von Prof. Dr. W. Köppen, Meteorologe der Seewarte Hamburg. Mit 7 Taf. u. 2 Figuren. Nr. 114.

Kolonialgeschichte von Dr. Dietrich Schäfer, Professor der Geschichte an der Universität Berlin. Nr. 156.

Kolonialrecht, Deutsches, von Prof. Dr. H. Edler von Hoffmann, Studiendirektor d. Akademie für kommunale Verwaltung in Düsseldorf. Nr. 318.

Kometen. Astronomie. Größe, Bewegung u. Entfernung d. Himmelskörper v. A. F. Möbius, neu bearb. v. Dr. Herm. Kobold, Prof. an der Univ. Kiel. **II: Kometen, Meteore u. das Sternsystem.** Mit 15 Fig. u. 2 Sternkarten. Nr. 529.

Kommunale Wirtschaftspflege von Dr. Alfons Rieß, Magistratsassessor in Berlin. Nr. 534.

Kompositionslehre. Musikalische Formenlehre v. Steph. Krehl. I. II. M. viel. Notenbeispiel. Nr. 149, 150.

Kontrapunkt. Die Lehre von der selbständigen Stimmführung v. Steph. Krehl in Leipzig. Nr. 390.

Kontrollwesen, Das agrikulturchemische, von Dr. Paul Krische in Leopoldshall-Staßfurt. Nr. 304.

Koordinatensysteme v. Paul B. Fischer, Oberl. a. d. Oberrealschule zu Groß-Lichterfelde. Mit 8 Fig. Nr. 507.

Körper, Der menschliche, sein Bau und seine Tätigkeiten von E. Rebmann, Oberschulrat in Karlsruhe. Mit Gesundheitslehre v. Dr. med. H. Seiler. Mit 47 Abb. u. 1 Tafel. Nr. 18.

Kostenanschlag siehe: Veranschlagen.

Kriegsschiffbau. Die Entwicklung des Kriegsschiffbaues vom Altertum bis zur Neuzeit. Von Tjard Schwarz, Geh. Marinebaurat und Schiffbau-Direktor. I. Teil: Das Zeitalter der Ruderschiffe u. der Segelschiffe für die Kriegsführung zur See vom Altertum bis 1840. Mit 32 Abbildungen. Nr. 471.

— — II. Teil: Das Zeitalter der Dampfschiffe für die Kriegsführung zur See von 1840 bis zur Neuzeit. Mit 81 Abbildungen. Nr. 472.

Kriegswesens, Geschichte des, von Dr. Emil Daniels in Berlin. **I:** Das antike Kriegswesen. Nr. 488.

— — **II:** Das mittelalterliche Kriegswesen. Nr. 498.

— — **III:** Das Kriegswesen der Neuzeit. Erster Teil. Nr. 518.

— — **IV:** Das Kriegswesen der Neuzeit. Zweiter Teil. Nr. 537.

— — **V:** Das Kriegswesen der Neuzeit. Dritter Teil. Nr. 568.

Kristallographie v. Dr. W. Bruhns, Prof. a. d. Bergakademie Clausthal. Mit 190 Abbild. Nr. 210.

Kristalloptik, Einführung in die, von Dr. Eberhard Buchwald i. München. Mit 124 Abbildungen. Nr. 619.

Kudrun und Dietrichepen. Mit Einleitung und Wörterbuch von Dr. O. L. Jiriczek, Professor an der Universität Würzburg. Nr. 10.

Kultur, Die, der Renaissance. Gesittung, Forschung, Dichtung v. Dr. Robert F. Arnold, Professor an der Universität Wien. Nr. 189.

Kulturgeschichte, Deutsche, von Dr. Reinh. Günther. Nr. 56.

Kurvendiskussion. Algebraische Kurven von Eug. Beutel, Oberreallehrer in Vaihingen-Enz. **I:** Kurvendiskussion. Mit 57 Fig. im Text. Nr. 435.

Kurzschrift siehe: Stenographie.

Küstenartillerie. Die Entwicklung der Schiffs- und Küstenartillerie bis zur Gegenwart v. Korvettenkapitän Huning. Mit Abbildungen und Tabellen. Nr. 606.

Lacke. Harze, Lacke, Firnisse von Dr. Karl Braun in Berlin. (Die Fette und Öle III.) Nr. 337.

Lagerhäuser. Industrielle und gewerbliche Bauten. (Speicher, Lagerhäuser u. Fabriken) von Architekt Heinrich Salzmann, Düsseldorf. **II:** Speicher u. Lagerhäuser. Mit 123 Fig. Nr. 512.

Länder- und Völkernamen von Dr. Rud. Kleinpaul in Leipzig. Nr. 478.

Landstraßenbau von Kgl. Oberlehrer A. Liebmann, Betriebsdirekt. a. D. i. Magdeburg. Mit 44 Fig. Nr. 598.

Landwirtschaftliche Betriebslehre v. E. Langenbeck in Groß-Lichterfelde. Nr. 227.

Landwirtschaftlichen Maschinen, Die, von Karl Walther, Diplom.-Ing. in Mannheim. 3 Bändchen. Mit vielen Abbildgn. Nr. 407—409

Lateinische Grammatik. Grundriß der latein. Sprachlehre v. Prof. Dr. W. Votsch in Magdeburg. Nr. 82.

— **Sprache. Geschichte der lateinischen Sprache** von Dr. Friedrich Stolz, Professor an der Universität Innsbruck. Nr. 492.

Licht. Theoretische Physik II. Teil: Licht und Wärme. Von Dr. Gust. Jäger, Prof. an der Techn. Hochschule in Wien. M. 47 Abb. Nr. 77.

Logarithmen. Vierstellige Tafeln und Gegentafeln für logarithmisches u. trigonometrisches Rechnen in zwei Farben zusammengestellt von Dr. Herm. Schubert, Prof. an der Gelehrtenschule des Johanneums in Hamburg. Nr. 81.

— **Fünfstellige,** von Professor August Adler, Direktor der k. k. Staatsoberrealschule in Wien. Nr. 423.

Logik. Psychologie und Logik zur Einführung in die Philosophie von Professor Dr. Th. Elsenhans. Mit 13 Figuren. Nr. 14.

Lokomotiven. Eisenbahnfahrzeuge von H. Hinnenthal. **I:** Die Lokomotiven. Mit 89 Abb. im Text u. 2 Tafeln. Nr. 107.

Lothringen. Geschichte Lothringens von Dr. Herm. Derichsweiler, Geh. Regierungsrat in Straßburg. Nr. 6.

— **Landeskunde v. Elsaß-Lothringen** v. Prof. Dr. R. Langenbeck in Straßburg i. E. Mit 11 Abb. u. 1 Karte. Nr. 215.

Lötrohrprobierkunde. Qualitative Analyse mit Hilfe des Lötrohrs von Dr. Mart. Henglein in Freiberg i. Sa. Mit 10 Figuren. Nr. 483.

Lübeck. Landeskunde d. Großherzogtümer Mecklenburg u. der Freien u. Hansestadt Lübeck v. Dr. Sebald Schwarz, Direktor der Realschule zum Dom in Lübeck. Mit 17 Abbildungen und Karten im Text und 1 lithographischen Karte. Nr. 487.

Luftelektrizität von Dr. Karl Kähler, wissenschaftlichem Hilfsarbeiter am Königl. Preuß. Meteorologisch-Magnetischen Observatorium in Potsdam. Mit 18 Abbildungen. Nr. 649.

Luftsalpeter. Seine Gewinnung durch den elektrischen Flammenbogen von Dr. G. Brion, Prof. an der Kgl. Bergakademie in Freiberg. Mit 50 Figuren. Nr. 616.

Luft- und Meeresströmungen von Dr. Franz Schulze, Direktor der Navigationsschule zu Lübeck. Mit 27 Abbildungen und Tafeln. Nr. 551.

Lüftung. Heizung und Lüftung von Ing. Johannes Körting in Düsseldorf. **I:** Das Wesen und die Berechnung d. Heizungs- u. Lüftungsanlagen. Mit 34 Fig. Nr. 342.

Lüftung. Heizung und Lüftung von Ing. Johannes Körting in Düsseldorf. **II:** Die Ausführung der Heizungs- und Lüftungsanlagen. Mit 191 Figuren. Nr. 343.

Luther, Martin, und Thom. Murner. Ausgewählt und mit Einleitungen u. Anmerkungen versehen v. Prof. G. Berlit, Oberlehrer am Nikolaigymnasium zu Leipzig. Nr. 7.

Magnetismus. Theoretische Physik III. Teil: Elektrizität u. Magnetismus. Von Dr. Gustav Jäger, Prof. an der Technischen Hochschule Wien. Mit 33 Abbildungen. Nr. 78.

Mälzerei. Brauereiwesen I: Mälzerei von Dr. P. Dreverhoff, Direktor d. Öffentlichen und 1. Sächs. Versuchsstation für Brauerei und Mälzerei, sowie der Brauer- und Mälzerschule zu Grimma. Nr. 303.

Maschinenbau, Die Kalkulation im, von Ingenieur H. Bethmann, Doz. am Technikum Altenburg. Mit 63 Abbildungen. Nr. 486.

— **Die Materialien des Maschinenbaues und der Elektrotechnik** von Ingenieur Prof. Hermann Wilda. Mit 3 Abbildungen. Nr. 476.

Maschinenelemente, Die. Kurzgefaßtes Lehrbuch mit Beispielen für das Selbststudium u. d. praktischen Gebrauch von Fr. Barth, Oberingen. in Nürnberg. Mit 86 Fig. Nr. 3.

Maschinenzeichnen, Praktisches, von Ing. Richard Schiffner in Warmbrunn. **I:** Grundbegriffe, Einfache Maschinenteile bis zu den Kuppelungen. Mit 60 Tafeln. Nr. 589.

— — **II:** Lager, Riemen- und Seilscheiben, Zahnräder, Kolbenpumpe. Mit 51 Tafeln. Nr. 590.

Maßanalyse von Dr. Otto Röhm in Darmstadt. Mit 14 Fig. Nr. 221.

Maß-, Münz- und Gewichtswesen von Dr. August Blind, Professor an der Handelsschule in Köln. Nr. 283.

Materialprüfungswesen. Einführung in die moderne Technik d. Materialprüfung von K. Memmler, Dipl.-Ingenieur, ständ. Mitarbeiter am Kgl. Material-Prüfungsamte zu Groß-Lichterfelde. **I:** Materialeigenschaften. — Festigkeitsversuche. — Hilfsmittel für Festigkeitsversuche. Mit 58 Figuren. Nr. 311.

Materialprüfungswesen. Einführung in die moderne Technik d. Materialprüfung von K. Memmler, Dipl.-Ingenieur, ständ. Mitarbeiter am Kgl. Material-Prüfungsamte zu Groß-Lichterfelde. **II:** Metallprüfung und Prüfung von Hilfsmaterialien d. Maschinenbaues. — Baumaterialprüfung. — Papierprüfung. — Schmiermittelprüfung. — Einiges über Metallographie. Mit 31 Fig. Nr. 312.

Mathematik, Geschichte der, von Dr. A. Sturm, Prof. am Obergymnasium in Seitenstetten. Nr. 226.

Mathematische Formelsammlung und Repetitorium der Mathematik, enthaltend die wichtigsten Formeln u. Lehrsätze d. Arithmetik, Algebra, algebraischen Analysis, ebenen Geometrie, Stereometrie, ebenen und sphärischen Trigonometrie, math. Geographie, analyt. Geometrie der Ebene und des Raumes, der Differential- und Integralrechnung von O. Th. Bürklen, Professor am Kgl. Realgymnasium in Schw.-Gmünd. Mit 18 Figuren. Nr. 51.

Maurer- und Steinhauerarbeiten von Prof. Dr. phil. und Dr.-Ing. Ed. Schmitt in Darmstadt. 3 Bändchen Mit vielen Abbild. Nr. 419—421.

Mechanik. Theoret. Physik I. Teil: Mechanik und Akustik. Von Dr. Gust. Jäger, Prof. an der Technischen Hochschule in Wien. Mit 19 Abbildungen. Nr. 76.

Mechanische Technologie von Geh. Hofrat Professor A. Lüdicke in Braunschweig. 2 Bändchen. Nr. 340, 341.

Mecklenburg. Landeskunde d. Großherzogtümer Mecklenburg u. der Freien u. Hansestadt Lübeck von Dr. Sebald Schwarz, Direktor der Realschule zum Dom in Lübeck. Mit 17 Abbild. im Text, 16 Taf. und 1 Karte in Lithographie. Nr. 487.

Mecklenburgische Geschichte von Oberlehrer Otto Vitense in Neubrandenburg i. M. Nr. 610.

Meereskunde, Physische, von Prof. Dr. Gerhard Schott, Abteilungsvorsteher bei d. Deutschen Seewarte in Hamburg. Mit 39 Abbildungen im Text und 8 Tafeln. Nr. 112.

Meeresströmungen. Luft- u. Meeresströmungen v. Dr. Franz Schulze, Dir. d. Navigationsschule zu Lübeck. Mit 27 Abb. u. Tafeln. Nr. 551.

Menschliche Körper, Der, sein Bau u. seine Tätigkeiten von E. Rebmann, Oberschulrat in Karlsruhe. Mit Gesundheitslehre v. Dr. med. H. Seiler. Mit 47 Abb. u. 1 Tafel. Nr. 18.

Metallographie. Kurze, gemeinfaßliche Darstellung der Lehre von den Metallen u. ihren Legierungen unter besond. Berücksichtigung der Metallmikroskopie v. Prof. E. Heyn u. Prof. O. **Bauer** a. Kgl. Materialprüfungsamt (Gr.-Lichterfelde) d. K. Techn. Hochschule zu Berlin. **I:** Allgem. Teil. Mit 45 Abb. im Text und 5 Lichtbildern auf 3 Tafeln. Nr. 432.

— — **II:** Spez. Teil. Mit 49 Abbildungen im Text und 37 Lichtbildern auf 19 Tafeln. Nr. 433.

Metallurgie von Dr. August Geitz in Kristiansand (Norwegen). I. II. Mit 21 Figuren. Nr. 313, 314.

Meteore. Astronomie. Größe, Bewegung u. Entfernung der Himmelskörper von A. F. Möbius, neu bearbeitet von Dr. Herm. Kobold, Prof. a. d. Univ. Kiel. **II:** Kometen, Meteore u. das Sternensystem. Mit 15 Fig. u. 2 Sternkarten. Nr. 529.

Meteorologie v. Dr. W. Trabert, Prof. an der Universität Wien. Mit 49 Abbild. u. 7 Tafeln. Nr. 54.

Militärische Bauten von Reg.-Baumeister R. Lang in Stuttgart. Mit 59 Abb. Nr. 626.

Militärstrafrecht von Dr. Max Ernst Mayer, Prof. an d. Univ. Straßburg i. E. 2 Bde. Nr. 371, 372.

Mineralogie von Geheimer Bergrat Dr. R. Brauns, Prof. an d. Univ. Bonn. Mit 132 Abbild. Nr. 29.

Minnesang und Spruchdichtung. Walther von der Vogelweide mit Auswahl aus Minnesang und Spruchdichtung. Mit Anmerkungen u. einem Wörterb. von O. Güntter, Prof. an d. Oberrealschule u. an d. Techn. Hochschule i. Stuttgart. Nr. 23.

Mittelhochdeutsche Dichtungen aus mittelhochdeutscher Frühzeit. In Auswahl mit Einleitg. u. Wörterbuch herausgeg. von Dr. Hermann Jantzen, Dir. d. Königin Luise-Schule i. Königsberg i. Pr. Nr. 137.

Mittelhochdeutsche Grammatik. Der Nibelunge Nôt in Auswahl und mittelhochdeutsche Grammatik mit kurz. Wörterb. v. Dr. W. Golther, Prof. a. d. Univ. Rostock. Nr. 1.

Morgenland. Geschichte des alten Morgenlandes v. Dr. Fr. Hommel, Prof. an d. Universität München. Mit 9 Bildern u. 1 Karte. Nr. 43.

Morphologie und Organographie der Pflanzen v. Prof. Dr. M. Nordhausen i. Kiel. M. 123 Abb. Nr. 141.

Mörtel. Die Industrie d. künstlichen Bausteine und des Mörtels von Dr. G. Rauter in Charlottenburg. Mit 12 Tafeln. Nr. 234.

Mundarten, Die deutschen, von Prof. Dr. H. Reis in Mainz. Nr. 605.

Mundarten, Plattdeutsche, von Dr. Hubert Grimme, Professor an der Univers. Münster i. W. Nr. 461.

Münzwesen. Maß-, Münz- und Gewichtswesen v. Dr. Aug. Blind, Prof. a. d. Handelsschule in Köln. Nr. 283.

Murner, Thomas. Martin Luther u. Thomas Murner. Ausgewählt u. m. Einleitungen u. Anmerk. versehen von Prof. G. Berlit, Oberlehrer am Nikolaigymnas. zu Leipzig. Nr. 7.

Musik, Geschichte der alten und mittelalterlichen, v. Dr. A. Möhler in Steinhaußen. 2 Bdch. Mit zahlr. Abb. u. Musikbeil. Nr. 121 u. 347.

Musikalische Akustik von Professor Dr. Karl L. Schäfer in Berlin. Mit 36 Abbildungen. Nr. 21.

Musikal. Formenlehre (Kompositionslehre) von Stephan Krehl. I. II. Mit viel. Notenbeisp. Nr. 149, 150.

Musikästhetik von Dr. Karl Grunsky in Stuttgart. Nr. 344.

Musikgeschichte des 17. und 18. Jahrhunderts von Dr. Karl Grunsky in Stuttgart. Nr. 239.

Musikgeschichte seit Beginn des 19. Jahrhunderts v. Dr. K. Grunsky in Stuttgart. I. II. Nr. 164, 165.

Musiklehre, Allgemeine, von Stephan Krehl in Leipzig. Nr. 220.

Nadelhölzer, Die, von Dr. F. W. Neger, Prof. an der Königl. Forstakademie zu Tharandt. Mit 85 Abbildungen, 5 Tabellen und 3 Karten. Nr. 355.

Nahrungsmittel. Ernährung u. Nahrungsmittel v. Oberstabsarzt Prof. H. Bischoff in Berlin. Mit 4 Abbildungen. Nr. 464.

Palästina. Landes- und Volkskunde Palästinas von Lic. Dr. Gustav Hölscher in Halle. Mit 8 Vollbildern und 1 Karte. Nr. 345.

Parallelperspektive. Rechtwinklige u. schiefwinklige Axonometrie v. Prof. J. Vonderlinn in Münster. Mit 121 Figuren. Nr. 260.

Personennamen, Die deutschen, v. Dr. Rud. Kleinpaul in Leipzig. Nr. 422.

Petrographie v. Dr. W. Bruhns, Prof. an der Bergakademie Clausthal. Mit 15 Abbildungen. Nr. 173.

Pflanze, Die, ihr Bau und ihr Leben von Prof. Dr. E. Dennert. Mit 96 Abbildungen. Nr. 44.

Pflanzenbaulehre. Ackerbau- und Pflanzenbaulehre von Dr. Paul Rippert in Essen u. Ernst Langenbeck in Groß-Lichterfelde. Nr. 232.

Pflanzenbiologie v. Dr. W. Migula, Professor an d. Forstakademie Eisenach. I: Allgemeine Biologie. Mit 43 Abbildungen. Nr. 127.

Pflanzenernährung. Agrikulturchemie I: Pflanzenernährung v. Dr. Karl Grauer. Nr. 329.

Pflanzengeographie von Professor Dr. Ludwig Diels in Marburg (Hessen). Nr. 389.

Pflanzenkrankheiten von Dr. Werner Friedr. Bruck, Privatdoz. i. Gießen. Mit 1 farb. Tafel und 45 Abbildgn. Nr. 310.

Pflanzenmorphologie. Morphologie u. Organographie d. Pflanzen von Prof. Dr. M. Nordhausen in Kiel. Mit 123 Abbildungen. Nr. 141.

Pflanzenphysiologie von Dr. Adolf Hansen, Prof. an der Universität Gießen. Mit 43 Abbild. Nr. 591.

Pflanzenreichs, Die Stämme des, von Privatdoz. Dr. Rob. Pilger, Kustos am Kgl. Botan. Garten in Berlin-Dahlem. Mit 22 Abb. Nr. 485.

Pflanzenwelt, Die, der Gewässer von Dr. W. Migula, Prof. a. d. Forstak. Eisenach. Mit 50 Abb. Nr. 158.

Pflanzenzellenlehre. Zellenlehre und Anatomie der Pflanzen von Prof. Dr. H. Miehe in Leipzig. Mit 79 Abbildungen. Nr. 556.

Pharmakognosie. Von Apotheker F. Schmitthenner, Assist. a. Botan. Institut d. Techn. Hochschule Karlsruhe. Nr. 251.

Pharmazeutische Chemie von Privatdozent Dr. E. Mannheim in Bonn. 3 Bändchen. Nr. 543/44 u. 588.

Philologie, Geschichte d. klassischen, v. Dr. Wilh. Kroll, ord. Prof. a. d. Univ. Münster in Westf. Nr. 367.

Philosophie, Einführung in die, von Dr. Max Wentscher, Professor an der Universität Bonn. Nr. 281.

Philosophie, Geschichte d., IV: Neuere Philosophie bis Kant von Dr. B. Bauch, Professor an der Universität Jena. Nr. 394.

— — **V: Immanuel Kant** von Dr. Bruno Bauch, Professor an d. Universität Jena. Nr. 536.

— — **VI: Die Philosophie im ersten Drittel des 19. Jahrhunderts** von Arthur Drews, Prof. der Philosophie an der Techn. Hochschule in Karlsruhe. Nr. 571.

— **Hauptprobleme der,** v. Dr. Georg Simmel, Professor an der Universität Berlin. Nr. 500.

— **Psychologie und Logik** zur Einf. in d. Philosophie von Prof. Dr. Th. Elsenhans. Mit 13 Fig. Nr. 14.

Photographie, Die. Von H. Keßler, Prof. an d. k. k. Graphischen Lehr- und Versuchsanstalt in Wien. Mit 3 Taf. und 42 Abbild. Nr. 94.

Physik, Theoretische, von Dr. Gustav Jäger, Prof. der Physik an der Techn. Hochschule in Wien. I. Teil: Mechanik und Akustik. Mit 24 Abbildungen. Nr. 76.

— — II. Teil: Licht u. Wärme. Mit 47 Abbildungen. Nr. 77.

— — III. Teil: Elektrizität u. Magnetismus. Mit 33 Abbild. Nr. 78.

— — IV. Teil: Elektromagnet. Lichttheorie und Elektronik. Mit 21 Fig. Nr. 374.

Physik, Geschichte der, von Prof. A. Kistner in Wertheim a. M. I: Die Physik bis Newton. Mit 13 Fig. Nr. 293.

— — II: Die Physik von Newton bis z. Gegenwart. Mit 3 Fig. Nr. 294.

Physikalisch-Chemische Rechenaufgaben von Prof. Dr. R. Abegg und Privatdozent Dr. O. Sackur, beide an der Univ. Breslau. Nr. 445.

Physikalische Aufgabensammlung von G. Mahler, Prof. der Mathematik u. Physik am Gymnasium in Ulm. Mit den Resultaten. Nr. 243.

Physikalische Formelsammlung von G. Mahler, Prof. am Gymnasium in Ulm. Mit 65 Fig. Nr. 136.

Physikalische Messungsmethoden von Dr. Wilh. Bahrdt, Oberlehrer an d. Oberrealschule in Groß-Lichterfelde. Mit 49 Figuren. Nr. 301.

Physikalische Tabellen v. Dr. A. Leick, Oberlehrer an der Comeniusschule zu Berlin-Schöneberg. Nr. 650.

Physiologische Chemie von Dr. med. A. Legahn in Berlin. **I:** Assimilation. Mit 2 Tafeln. Nr. 240.

— — **II:** Dissimilation. Mit 1 Taf. Nr. 241.

Physische Geographie von Dr. Siegm. Günther, Prof. an der Kgl. Techn. Hochschule in München. Mit 32 Abbildungen. Nr. 26.

Physische Meereskunde von Prof. Dr. Gerh. Schott, Abteilungsvorst. b. d. Deutsch. Seewarte in Hamburg. M. 39 Abb. im Text u. 8 Taf. Nr. 112.

Pilze, Die. Eine Einführung in die Kenntnis ihrer Formenreihen von Prof. Dr. G. Lindau in Berlin. Mit 10 Figurengruppen i. Text. Nr. 574.

Planetensystem. Astronomie (Größe, Bewegung u. Entfernung d. Himmelskörper) von A. F. Möbius, neu bearb. von Dr. Herm. Kobold, Prof. a. d. Univ. Kiel. **I:** Das Planetensystem. Mit 33 Abbild. Nr. 11.

Plastik, Die, des Abendlandes von Dr. Hans Stegmann, Direktor des Bayer. Nationalmuseums in München. Mit 23 Tafeln. Nr. 116.

— **Die, seit Beginn des 19. Jahrhunderts** von A. Heilmeyer in München. Mit 41 Vollbildern. Nr. 321.

Plattdeutsche Mundarten von Dr. Hub. Grimme, Professor an der Universität Münster i. W. Nr. 461.

Poetik, Deutsche, v. Dr. K. Borinski, Prof. a. d. Univ. München. Nr. 40.

Polarlicht. Erdmagnetismus, Erdstrom u. Polarlicht von Dr. A. Nippoldt, Mitglied des Kgl. Preuß. Meteorolog. Instituts zu Potsdam. Mit 7 Taf. u. 16 Figuren. Nr. 175.

Polnische Geschichte von Dr. Clemens Brandenburger in Posen. Nr. 338.

Pommern. Landeskunde von Pommern von Dr. W. Deecke, Prof. an der Universität Freiburg i. B. Mit 10 Abb. und Karten im Text und 1 Karte in Lithographie. Nr. 575.

Portugiesische Geschichte v. Dr. Gustav Diercks in Berlin-Steglitz. Nr. 622.

Portugiesische Literaturgeschichte von Dr. Karl von Reinhardstoettner, Professor an der Kgl. Techn. Hochschule München. Nr. 213.

Posamentiererei. Textil-Industrie II: Weberei, Wirkerei, Posamentiererei, Spitzen- und Gardinenfabrikation und Filzfabrikation v. Prof. Max Gürtler, Geh. Regierungsrat im Kgl. Landesgewerbeamt zu Berlin. Mit 29 Fig. Nr. 185.

Postrecht von Dr. Alfred Wolcke, Postinspektor in Bonn. Nr. 425.

Preßluftwerkzeuge, Die, von Diplom-Ing. P. Iltis, Oberlehrer an der Kais. Techn. Schule in Straßburg. Mit 82 Figuren. Nr. 493.

Preußische Geschichte. Brandenburgisch-Preußische Geschichte v. Prof. Dr. M. Thamm, Direktor d. Kaiser Wilhelms-Gymnasiums in Montabaur. Nr. 600.

Preußisches Staatsrecht von Dr. Fritz Stier-Somlo, Prof. an der Univ. Bonn. 2 Teile. Nr. 298, 299.

Psychiatrie, Forensische, von Professor Dr. W. Weygandt, Dir. der Irrenanstalt Friedrichsberg in Hamburg. 2 Bändchen. Nr. 410 und 411.

Psychologie und Logik zur Einführung in d. Philosophie v. Prof. Dr. Th. Elsenhans. Mit 13 Fig. Nr. 14.

Psychophysik, Grundriß der, v. Prof. Dr. G. F. Lipps in Zürich. Mit 3 Figuren. Nr. 98.

Pumpen, Druckwasser- und Druckluft-Anlagen. Ein kurzer Überblick von Dipl.-Ing. Rudolf Vogdt, Regierungsbaumeister a. D. in Aachen. Mit 87 Abbildungen. Nr. 290.

Quellenkunde d. deutschen Geschichte von Dr. Carl Jacob, Prof. an der Universität Tübingen. 1. Band. Nr. 279.

Radioaktivität von Dipl.-Ing. Wilh. Frommel. Mit 21 Abbildungen Nr. 317.

Rechnen, Das, in der Technik u. seine Hilfsmittel (Rechenschieber, Rechentafeln, Rechenmaschinen usw.) von Ing. Joh. Eug. Mayer in Freiburg i. Br. Mit 30 Abbild. Nr. 405.

Rechnen, Kaufmännisches, von Prof. Richard Just, Oberlehrer an der Öffentlichen Handelslehranstalt der Dresdener Kaufmannschaft. I. II. III. Nr. 139, 140, 187.

Recht des Bürgerlichen Gesetzbuchs. Erstes Buch: Allg. Teil. I: Einleitung — Lehre v. d. Personen u. v. d. Sachen v. Dr. P. Oertmann, Prof. a. d. Univ. Erlangen. Nr. 447.

— — II: Erwerb u. Verlust, Geltendmachung u. Schutz der Rechte von Dr. Paul Oertmann, Professor an der Universität Erlangen. Nr. 448.

— Zweites Buch: Schuldrecht. I. Abteilung: Allgemeine Lehren von Dr. Paul Oertmann, Professor an der Universität Erlangen. Nr. 323.

— — II. Abt.: Die einzelnen Schuldverhältnisse v. Dr. Paul Oertmann, Prof. an der Universität Erlangen. Nr. 324.

— Drittes Buch: Sachenrecht von Dr. F. Kretzschmar, Oberlandesgerichtsrat in Dresden. I: Allgem. Lehren. Besitz und Eigentum. Nr. 480.

— — II: Begrenzte Rechte. Nr. 481.

— Viertes Buch: Familienrecht von Dr. Heinrich Titze, Professor an der Universität Göttingen. Nr. 305.

Recht der Versicherungsunternehmungen, Das, von Regierungsrat a. D. Dr. jur. K. Leibl, erstem Direktor der Nürnberger Lebensversicherungsbank, früher Mitglied des Kaiserlichen Aufsichtsamts für Privatversicherung. Nr. 635.

Rechtsschutz, Der internationale gewerbliche, von J. Neuberg, Kaiserl. Regierungsrat, Mitglied d. Kaiserl. Patentamts zu Berlin. Nr. 271.

Rechtswissenschaft, Einführung in die, von Dr. Theodor Sternberg in Berlin. **I:** Methoden- und Quellenlehre. Nr. 169.

— — **II:** Das System. Nr. 170.

Redelehre, Deutsche, v. Hans Probst, Gymnasialprof. in Bamberg. Nr. 61.

Redeschrift siehe: Stenographie.

Reichsfinanzen, Die Entwicklung der, von Präsident Dr. R. van der Borght in Berlin. Nr. 427.

Religion, Die Entwicklung der christlichen, innerhalb des Neuen Testaments von Professor Dr. Lic. Carl Clemen. Nr. 388.

Religion, Die, des Judentums im Zeitalter des Hellenismus u. der Römerherrschaft von Lic. Dr. W. Staerk (Neutestamentliche Zeitgeschichte II.) Mit einer Planskizze. Nr. 326.

Religionen der Naturvölker, Die, von Dr. Th. Achelis, Professor in Bremen. Nr. 449.

Religionswissenschaft, Abriß der vergleichenden, von Professor Dr. Th. Achelis in Bremen. Nr. 208.

Renaissance. Die Kultur der Renaissance. Gesittung, Forschung, Dichtung v. Dr. Robert F. Arnold, Prof. a. d. Univers. Wien. Nr. 189.

Reptilien. Das Tierreich III: Reptilien und Amphibien. Von Dr. Franz Werner, Prof. a. d. Univers. Wien. Mit 48 Abb. Nr. 383.

Rheinprovinz, Landeskunde der, von Dr. V. Steinecke, Direktor d. Realgymnasiums in Essen. Mit 9 Abb., 3 Kärtchen und 1 Karte. Nr. 308.

Riechstoffe. Ätherische Öle und Riechstoffe von Dr. F. Rochussen in Miltitz. Mit 9 Abb. Nr. 446.

Roman. Geschichte des deutschen Romans von Dr. Hellm. Mielke. Nr. 229.

Romanische Sprachwissenschaft von Dr. Adolf Zauner, Prof. a. d. Univ. Graz. 2 Bände. Nr. 128, 250.

Römische Altertumskunde von Dr. Leo Bloch in Wien. M. 8 Vollb. Nr. 45.

Römische Geschichte von Realgymnasial-Direktor Dr. Jul. Koch in Grunewald. Nr. 19.

Römische Literaturgeschichte von Dr. Herm Joachim in Hamburg. Nr. 52.

Römische und griechische Mythologie von Professor Dr. Hermann Steuding, Rektor des Gymnasiums in Schneeberg. Nr. 27.

Römische Rechtsgeschichte von Dr. Robert von Mayr, Prof. an der Deutschen Univers. Prag. 1. Buch: Die Zeit d. Volksrechtes. 1. Hälfte: Das öffentliche Recht. Nr. 577.

— — 2. Hälfte: Das Privatrecht. Nr. 578.

— 2. Buch: Die Zeit des Amts- und Verkehrsrechtes. 1. Hälfte: Das öffentliche Recht. Nr. 645.

— — 2. Hälfte: Das Privatrecht I. Nr. 646.

— — 2. Hälfte: Das Privatrecht II. Nr. 647.

Rußland. Russische Geschichte von Dr. Wilh. Reeb, Oberlehrer am Ostergymnasium in Mainz. Nr. 4.

— **Landeskunde des Europäischen Rußlands nebst Finnlands** von Professor Dr. A. Philippson in Halle a. S. Nr. 359.

Russisch-Deutsches Gesprächsbuch von Dr. Erich Berneker, Professor an der Universität München. Nr. 68.

Russische Grammatik von Dr. Erich Berneker, Professor an der Universität München. Nr. 66.

Russische Handelskorrespondenz von Dr. Theodor von Kawraysky in Leipzig. Nr. 315.

Russisches Lesebuch mit Glossar von Dr. Erich Berneker, Professor an der Universität München. Nr. 67.

Russische Literatur von Dr. Erich Boehme, Lektor a. d. Handelshochschule Berlin. I. Teil: Auswahl moderner Prosa u. Poesie mit ausführlichen Anmerkungen u. Akzentbezeichnung. Nr. 403.

— — II. Teil: Всеволодъ Гаршинъ, Разсказы. Mit Anmerkungen und Akzentbezeichnungen. Nr. 404.

Russische Literaturgeschichte von Dr. Georg Polonskij in München. Nr. 166.

Russisches Vokabelbuch, Kleines, von Dr. Erich Boehme, Lektor an der Handelshochschule Berlin. Nr. 475.

Sachenrecht. Recht d. Bürgerl. Gesetzbuches. Drittes Buch: Sachenrecht von Dr. F. Kretzschmar, Oberlandesgerichtsrat i. Dresden. **I:** Allgemeine Lehren. Besitz u. Eigentum.

— — **II:** Begrenzte Rechte. Nr. 480, 481.

Sachs, Hans. Ausgewählt u. erläut. v. Prof. Dr. Julius Sahr. Nr. 24.

Sachsen. Sächsische Geschichte v. Prof. Otto Kaemmel, Rektor d. Nikolaigymnasiums zu Leipzig. Nr. 100.

— **Landeskunde des Königreichs Sachsen** v. Dr. J. Zemmrich, Oberlehrer am Realgymnas. in Plauen. Mit 12 Abb. u. 1 Karte. Nr. 258.

Säugetiere. Das Tierreich I: Säugetiere von Oberstudienrat Prof. Dr. Kurt Lampert, Vorsteher des Kgl. Naturalienkabinetts in Stuttgart. Mit 15 Abbildungen. Nr. 282.

Schattenkonstruktionen von Professor J. Vonderlinn in Münster. Mit 114 Figuren. Nr. 236.

Schiffs- und Küstenartillerie bis zur Gegenwart, Die Entwicklung der, von Korvettenkapitän Huning. Mit Abbild. und Tabellen. Nr. 606.

Schleswig-Holstein. Landeskunde von Schleswig-Holstein, Helgoland u. der freien und Hansestadt Hamburg von Dr. Paul Hambruch, Abteilungsvorsteher am Museum für Völkerkunde in Hamburg. Mit Abb., Plänen, Profilen und 1 Karte in Lithographie. Nr. 563.

Schleusenbau. Kanal- u. Schleusenbau von Regierungsbaumeister Otto Rappold in Stuttgart. Mit 78 Abbildungen. Nr. 585.

Schmalspurbahnen (Klein-, Arbeits- u. Feldbahnen) v. Dipl.-Ing. Aug. Boshart in Nürnberg. Mit 99 Abbildungen. Nr. 524.

Schmarotzer und Schmarotzertum in der Tierwelt. Erste Einführung in die tierische Schmarotzerkunde von Dr. Franz v. Wagner, a. o. Prof. a. d. Univ. Graz. Mit 67 Abb. Nr. 151.

Schreiner-Arbeiten. Tischler- (Schreiner-) Arbeiten I: Materialien, Handwerkszeuge, Maschinen, Einzelverbindungen, Fußböden, Fenster, Fensterladen, Treppen, Aborte von Prof. E. Viehweger, Architekt in Köln. Mit 628 Fig. auf 75 Tafeln. Nr. 502.

Schuldrecht. Recht des Bürgerl. Gesetzbuches. Zweites Buch: Schuldrecht. I. Abteilung: Allgemeine Lehren von Dr. Paul Oertmann, Prof. a. d. Univ. Erlangen. Nr. 323.

— — II. Abteilung: Die einzelnen Schuldverhältnisse von Dr. Paul Oertmann, Professor a. d. Universität Erlangen. Nr. 324.

Schule, die deutsche, im Auslande von Hans Amrhein, Seminar-Oberlehrer in Rheydt. Nr. 259.

Schulhaus. Die Baukunst des Schulhauses von Prof. Dr.-Ing. Ernst Vetterlein in Darmstadt. I: Das Schulhaus. Mit 38 Abbild. II: Die Schulräume — Die Nebenanlagen. Mit 31 Abbild. Nr. 443 und 444.

Schulpraxis. Methodik d. Volksschule von Dr. R. Seyfert, Seminardirektor in Zschopau. Nr. 50.

Schweiß- und Schneidverfahren, Das autogene, von Ingenieur Hans Niese in Kiel. Mit 30 Fig. Nr. 499.

Schweiz. Schweizerische Geschichte von Dr. K. Dändliker, Professor an der Universität Zürich. Nr. 188.

— **Landeskunde der Schweiz** von Prof. Dr. H. Walser in Bern. Mit 16 Abb. und 1 Karte. Nr. 398.

Schwimmanstalten. Öffentl. Bade- und Schwimmanstalten von Dr. Karl Wolff, Stadt-Oberbaurat in Hannover. Mit 50 Fig. Nr. 380.

Seemacht, Die, in der deutschen Geschichte von Wirkl. Admiralitätsrat Dr. Ernst von Halle, Professor an der Universität Berlin. Nr. 370.

Seerecht, Das deutsche, von Dr. Otto Brandis, Oberlandesgerichtsrat in Hamburg. **I:** Allgemeine Lehren: Personen und Sachen des Seerechts. Nr. 386.

— — **II:** Die einzelnen seerechtlichen Schuldverhältnisse: Verträge des Seerechts und außervertragliche Haftung. Nr. 387.

Seifenfabrikation, Die, die Seifenanalyse und d. Kerzenfabrikation v. Dr. Karl Braun in Berlin. (Die Fette u. Öle II.) Mit 25 Abbildgn. Nr. 336.

Semitische Sprachwissenschaft von Dr. C. Brockelmann, Professor an der Univers. Königsberg. Nr. 291.

Serbokroatische Grammatik von Dr. Vladimir Ćorović, Bibliothekar des bosn.-herzegow. Landesmuseums in Sarajevo (Bosnien). Nr. 638.

Silikate. Industrie der Silikate, der künstlichen Bausteine und des Mörtels von Dr. Gustav Rauter in Charlottenburg. **I:** Glas u. keramische Industrie. M. 12 Taf. Nr. 233.

— — **II:** Die Industrie der künstlichen Bausteine und des Mörtels. Mit 12 Tafeln. Nr. 234.

Simplicius Simplicissimus von Hans Jakob Christoffel v. Grimmelshausen. In Auswahl herausgeg. von Prof. Dr. F. Bobertag, Dozent an der Universität Breslau. Nr. 138.

Skandinavien, Landeskunde von, (Schweden, Norwegen u. Dänemark) von Heinrich Kerp, Kreisschulinspektor in Kreuzburg. Mit 11 Abb. und 1 Karte. Nr. 202.

Slavische Literaturgeschichte von Dr. Josef Karásek in Wien. **I:** Ältere Literatur bis zur Wiedergeburt. Nr. 277.

— — **II:** Das 19. Jahrh. Nr. 278.

Soziale Frage. Die Entwicklung der sozialen Frage von Professor Dr. Ferdin. Tönnies. Nr. 353.

Sozialversicherung von Prof. Dr. Alfred Manes in Berlin. Nr. 267.

Soziologie von Prof. Dr. Thomas Achelis in Bremen. Nr. 101.

Spalt- und Schleimpilze. Eine Einführung in ihre Kenntnis von Prof. Dr. Gustav Lindau, Kustos am Kgl. Botanischen Museum und Privatdozent der Botanik an der Universität Berlin. Mit 11 Abbildungen. Nr. 642.

Spanien. Spanische Geschichte von Dr. Gustav Diercks. Nr. 266.

— **Landeskunde der Iberischen Halbinsel** v. Dr. Fritz Regel, Prof. an der Univ. Würzburg. Mit 8 Kärtchen und 8 Abbild. im Text und 1 Karte in Farbendruck. Nr. 235.

Spanische Handelskorrespondenz von Dr. Alfredo Nadal de Mariezcurrena. Nr. 295.

Spanische Literaturgeschichte v. Dr. Rud. Beer, Wien. I. II. Nr. 167, 168.

Speicher, Industrielle und gewerbliche Bauten (Speicher, Lagerhäuser u. Fabriken) v. Architekt Heinr. Salzmann in Düsseldorf. **II:** Speicher u. Lagerhäuser. Mit 123 Fig. Nr. 512.

Spinnerei. Textilindustrie I: Spinnerei und Zwirnerei von Prof. Max Gürtler, Geh. Regierungsrat im Königl. Landesgewerbeamt zu Berlin. Mit 39 Figuren. Nr. 184.

Spitzenfabrikation. Textilindustrie II: Weberei, Wirkerei, Posamentiererei, Spitzen- und Gardinenfabrikat. u. Filzfabrikation von Prof. Max Gürtler, Geh. Regierungsrat im Kgl. Landesgewerbeamt zu Berlin. Mit 29 Fig. Nr. 185.

Spruchdichtung. Walther von der Vogelweide mit Auswahl aus Minnesang und Spruchdichtung. Mit Anmerkgn. u. einem Wörterbuch v. Otto Güntter, Prof. a. d. Oberrealschule u. an der Technischen Hochschule in Stuttgart. Nr. 23.

Staatslehre, Allgemeine, von Dr. Hermann Rehm, Prof. a. d. Universität Straßburg i. E. Nr. 358.

Staatsrecht, Allgemeines, von Dr. Julius Hatschek, Prof. d. Rechte an der Universität Göttingen. 3 Bändchen. Nr. 415—417.

Staatsrecht, Preußisches, von Dr. Fritz Stier-Somlo, Prof. a. d. Universität Bonn. 2 Teile. Nr. 298, 299.

Stammeskunde, Deutsche, von Dr. Rudolf Much, a. o. Prof. a. d. Univ. Wien. M. 2 Kart. u. 2 Taf. Nr. 126.

Statik von W. Hauber, Dipl.-Ing. I. Teil: **Die Grundlehren der Statik starrer Körper.** Mit 82 Fig. Nr. 178.

— — II. Teil: **Angewandte Statik.** Mit 61 Figuren. Nr. 179.

—, **Graphische,** mit besond. Berücksichtig. der Einflußlinien von Kgl. Oberlehrer Dipl.-Ing. Otto Henkel in Rendsburg. 1. Teil. Mit 121 Fig. Nr. 603.

Steinhauerarbeiten. Maurer- und Steinhauerarbeiten von Prof. Dr. phil. und Dr.-Ing. Eduard Schmitt in Darmstadt. 3 Bändchen. Mit vielen Abbildungen. Nr. 419—421.

Stenographie. Geschichte der Stenographie von Dr. Arthur Mentz in Königsberg i. Pr. Nr. 501.

Stenographie n. d. System v. F. X. Gabelsberger von Dr. Albert Schramm, Landesamtsassessor in Dresden. Nr. 246.

— **Die Redeschrift des Gabelsbergerschen Systems** von Dr. Albert Schramm, Landesamtsassessor in Dresden. Nr. 368.

Stenographie. Lehrbuch d. Vereinfachten Deutschen Stenographie (Einig.-System Stolze-Schrey) nebst Schlüssel, Lesestücken u. einem Anhang von Professor Dr. Amsel, Oberlehrer des Kadettenkorps in Lichterfelde. Nr. 86.

— **Redeschrift.** Lehrbuch der Redeschrift d. Systems Stolze-Schrey nebst Kürzungsbeisp., Lesestücken, Schlüssel und einer Anleitung zur Steigerung der stenographischen Fertigkeit von Heinrich Dröse, amtl. bad. Landtagsstenograph in Karlsruhe (B.). Nr. 494.

Stereochemie von Dr. E. Wedekind, Prof. an der Universität Tübingen. Mit 34 Abbildungen. Nr. 201.

Stereometrie von Dr. R. Glaser in Stuttgart. Mit 66 Fig. Nr. 97.

Sternsystem. Astronomie. Größe, Bewegung u. Entfernung d. Himmelskörper v. A. F. Möbius, neu bearb. v. Dr. Herm. Kobold, Prof. a. d. Univers. Kiel. **II: Kometen, Meteore u. das Sternsystem.** Mit 15 Fig. u. 2 Sternkarten. Nr. 529.

Steuersysteme des Auslandes, Die, v. Geh. Oberfinanzrat O. Schwarz in Berlin. Nr. 426.

Stilkunde v. Prof. Karl Otto Hartmann in Stuttgart. Mit 7 Vollbild. u. 195 Textillustrationen. Nr. 80.

Stöchiometrische Aufgabensammlung von Dr. Wilh. Bahrdt, Oberl. an d. Oberrealschule in Groß-Lichterfelde. Mit den Resultaten. Nr. 452.

Straßenbahnen von Dipl.-Ing. Aug. Boshart in Nürnberg. Mit 72 Abbildungen. Nr. 559.

Strategie von Löffler, Major im Kgl. Sächs. Kriegsmin. i. Dresd. Nr. 505.

Ströme und Spannungen in Starkstromnetzen v. Jos. Herzog, Dipl.-Elektroing. in Budapest u. Clarence Feldmann, Prof. d. Elektotechnik in Delft. Mit 68 Abb. Nr. 456.

Südamerika. Geschichte Südamerikas von Dr. Hermann Lufft. **I: Das** spanische Südamerika (Chile, Argentinien und die kleineren Staaten). Nr. 632.

Südseegebiet. Die deutschen Kolonien II: Das Südseegebiet und Kiautschou v. Prof. Dr. K. Dove. M. 16 Taf. u. 1 lith. Karte. Nr. 520.

Talmud. Die Entstehung des Talmuds von Dr. S. Funk in Boskowitz. Nr. 479.

Talmudproben von Dr. S. Funk in Boskowitz. Nr. 583.

Technisch-Chemische Analyse von Dr. G. Lunge, Prof. a. d. Eidgenöss. Polytechn. Schule in Zürich. Mit 16 Abbildungen. Nr. 195.

Technische Tabellen und Formeln von Dr.-Ing. W. Müller, Dipl.-Ing. am Kgl. Materialprüfungsamt zu Groß-Lichterfelde. Mit 106 Figuren. Nr. 579.

Technisches Wörterbuch, enthaltend die wichtigsten Ausdrücke d. Maschinenbaues, Schiffbaues u. d. Elektrotechnik von Erich Krebs in Berlin. I. Teil: Dtsch.-Engl. Nr. 395.
— — II. Teil: Engl.-Dtsch. Nr. 396.
— — III. Teil: Dtsch.-Franz. Nr. 453.
— — IV. Teil: Franz.-Dtsch. Nr. 454.

Technologie, Allgemeine chemische, v. Dr. Gust. Rauter in Charlottenburg Nr. 113.
— **Mechanische**, v. Geh. Hofrat Prof. A. Lüdicke in Braunschweig. Nr. 340, 341.

Teerfarbstoffe, Die, mit bes. Berücksichtig. der synthetisch. Methoden v. Dr. Hans Bucherer, Prof. a. d. Kgl. Techn. Hochschule, Dresd. Nr. 214.

Telegraphenrecht v. Postinspektor Dr. jur. Alfred Wolcke in Bonn **I:** Einleitung. Geschichtliche Entwicklung. Die Stellung d. deutsch. Telegraphenwesens im öffentl. Rechte, allgemeiner Teil. Nr. 509.
— — **II:** Die Stellung d. deutsch. Telegraphenwesens im öffentl. Rechte, besonderer Teil. Das Telegraphen-Strafrecht. Rechtsverhältnis d. Telegraphie z. Publikum. Nr. 510.

Telegraphie, Die elektrische, v. Dr. Lud. Rellstab. Mit 19 Fig. Nr. 172.

Testament. Die Entstehung des Alten Testaments v. Lic. Dr. W. Staerk, Prof. a. d. Univ. Jena. Nr. 272.
— **Die Entstehung des Neuen Testaments** v. Prof. Lic. Dr. Carl Clemen in Bonn. Nr. 285.

Textilindustrie. I: Spinnerei und Zwirnerei v. Prof. Max Gürtler, Geh. Reg.-Rat im Kgl. Landesgewerbeamt, Berlin. Mit 39 Figuren. Nr. 184.
— **II: Weberei, Wirkerei, Posamentiererei, Spitzen- und Gardinenfabrikation und Filzfabrikation** v. Prof. M. Gürtler, Geh. Regierungsrat i. Kgl. Landesgewerbeamt zu Berlin. M. 29 Fig. Nr. 185.
— **III: Wäscherei, Bleicherei, Färberei und ihre Hilfsstoffe** von Dr. Wilh. Massot, Prof. a. d. Preuß. höheren Fachschule f. Textilindustr. in Krefeld. Mit 28 Fig. Nr. 186.

Thermodynamik (Technische Wärmelehre) v. K. Walther u. M. Röttinger, Dipl.-Ing. M. 54 Fig. Nr. 242.

Thermodynamik (Technische Wärmelehre). **Die thermodynamischen Grundlagen der Wärmekraft- und Kältemaschinen** von M. Röttinger, Dipl.-Ing. in Mannheim. Nr. 2.

Thüringische Geschichte v. Dr. Ernst Devrient in Leipzig. Nr. 352.

Tierbiologie. Abriß der Biologie der Tiere v. Dr. Heinrich Simroth, Prof a. d. Univ. Leipzig. Nr. 131.

Tiere, Entwicklungsgeschichte der, von Dr. Johs. Meisenheimer, Prof. der Zoologie a. d. Universität Jena. **I:** Furchung, Primitivanlagen, Larven, Formbildung, Embryonalhüllen. Mit 48 Fig. Nr. 378.
— — **II:** Organbildung. Mit 46 Figuren. Nr. 379.

Tiergeographie v. Dr. Arnold Jacobi, Professor der Zoologie a. d. Kgl. Forstakademie zu Tharandt. Mit 2 Karten. Nr. 218.

Tierkunde von Dr. Franz v. Wagner, Prof. a. d. Universität Graz. Mit 78 Abbildungen. Nr. 60.

Tierreich, Das, I: Säugetiere v. Oberstudienr. Prof. Dr. Kurt Lampert, Vorst. d. Kgl. Naturalienkabinetts in Stuttgart. M. 15 Abb. Nr. 282.
— **III: Reptilien und Amphibien** von Dr. Franz Werner, Prof. a. d. Univ. Wien. Mit 48 Abb. Nr. 383.
— **IV: Fische** von Prof. Dr. Max Rauther in Neapel. Nr. 356.
— **V: Insekten** von Dr. J. Groß in Neapel (Stazione Zoologica). Mit 56 Abbildungen. Nr. 594.
— **VI: Die wirbellosen Tiere** von Dr. Ludw. Böhmig, Prof. d. Zool. a. d. Univ. Graz. I: Urtiere, Schwämme, Nesseltiere, Rippenquallen und Würmer. Mit 74 Fig. Nr. 439.
— — II: Krebse, Spinnentiere, Tausendfüßer, Weichtiere, Moostierchen, Armfüßer, Stachelhäuter und Manteltiere. M. 97 Fig. Nr. 440.

Tierzuchtlehre, Allgemeine und spezielle, von Dr. Paul Rippert in Essen. Nr. 228.

Tischler- (Schreiner-) Arbeiten I: Materialien, Handwerkszeuge, Maschinen, Einzelverbindungen, Fußböden, Fenster, Fensterladen, Treppen, Aborte von Prof. E. Viehweger, Architekt in Köln. Mit 628 Figuren auf 75 Tafeln. Nr. 502.

Togo. Die deutschen Kolonien I: Togo und Kamerun von Prof. Dr. Karl Dove. Mit 16 Tafeln und einer lithographischen Karte. Nr. 441.

Toxikologische Chemie von Privatdozent Dr. E. Mannheim in Bonn. Mit 6 Abbildungen. Nr. 465.

Trigonometrie, Ebene und sphärische, von Prof. Dr. Gerh. Hessenberg in Breslau. Mit 70 Fig. Nr. 99.

Tropenhygiene v. Medizinalrat Prof. Dr. Nocht, Direktor des Instituts für Schiffs- und Tropenkrankheiten in Hamburg. Nr. 369.

Trust. Kartell und Trust von Dr. S. Tschierschky in Düsseldorf. Nr. 522.

Turnen, Das deutsche, v. Dr. Rudolf Gasch, Prof. a. König Georg-Gymn. in Dresden. Mit 87 Abb. Nr. 628.

Turnkunst, Geschichte der, von Dr. Rudolf Gasch, Prof. a. König Georg-Gymnasium in Dresden. Mit 17 Abbildungen. Nr. 504.

Ungarn. Landeskunde von Österreich-Ungarn von Dr. Alfred Grund, Prof. an der Universität Prag. Mit 10 Textillustr. u. 1 Karte. Nr. 244.

Ungarische Literatur, Geschichte der, von Prof. Dr. Ludwig Katona und Dr. Franz Szinnyei, beide an der Universität Budapest. Nr. 550.

Ungarische Sprachlehre v. Dr. Josef Szinnyei, o. ö. Prof. an der Universität Budapest. Nr. 595.

Unterrichtswesen. Geschichte d. deutschen Unterrichtswesens von Prof. Dr. Friedrich Seiler, Direktor des Kgl. Gymnasiums zu Luckau. I. Teil: Von Anfang an bis zum Ende d. 18. Jahrh. Nr. 275.

— — II. Teil: Vom Beginn des 19. Jahrhunderts bis auf die Gegenwart. Nr. 276.

Untersuchungsmethoden, Agrikulturchemische, von Prof. Dr. Emil Haselhoff, Vorsteher der landwirtschaftlichen Versuchsstation in Marburg in Hessen. Nr. 470.

Urgeschichte der Menschheit von Dr. Moritz Hoernes, Professor an der Univ. Wien. Mit 85 Abb. Nr. 42.

Urheberrecht, Das, an Werken der Literatur und der Tonkunst, das Verlagsrecht und das Urheberrecht an Werken d. bildenden Künste u. Photographie v. Staatsanw. Dr. J. Schlittgen in Chemnitz. Nr. 361.

Urheberrecht, Das deutsche, an literarischen, künstlerischen u. gewerbl. Schöpfungen, mit besonderer Berücksichtigung der internationalen Verträge von Dr. Gustav Rauter, Patentanwalt in Charlottenburg. Nr. 263.

Urzeit. Kultur der Urzeit von Dr. Moritz Hoernes, o. ö. Prof. an der Univ. Wien. 3 Bändch. I: Steinzeit. Mit 40 Bildergrupp. Nr. 564.

— — II: Bronzezeit. Mit 36 Bildergruppen. Nr. 565.

— — III: Eisenzeit. Mit 35 Bildergruppen. Nr. 566.

Vektoranalysis von Dr. Siegfr. Valentiner, Prof. an der Bergakademie in Clausthal. Mit 16 Fig. Nr. 354.

Veranschlagen, Das, im Hochbau. Kurzgefaßtes Handbuch üb. d. Wesen d. Kostenanschlags v. Architekt Emil Beutinger, Assistent an der Technischen Hochschule in Darmstadt. Mit vielen Fig. Nr. 385.

Vereinigte Staaten. Landeskunde der Vereinigten Staaten von Nordamerika von Professor Heinrich Fischer, Oberlehrer am Luisenstädt. Realgymnasium in Berlin. I. Teil: Mit 22 Karten und Figuren im Text und 14 Tafeln. Nr. 381.

— — II. Teil: Mit 3 Karten im Text, 17 Taf. u. 1 lith. Karte. Nr. 382.

Vergil. Die Gedichte des P. Vergilius Maro. In Auswahl mit einer Einleitung u. Anmerkungen herausgeg. von Dr. Julius Ziehen. I: Einleitung und Aeneis. Nr. 497.

Vermessungskunde von Dipl.-Ing. P. Werkmeister, Oberlehrer an der Kais. Techn. Schule in Straßburg i. E. I: Feldmessen und Nivellieren. Mit 146 Abb. Nr. 468.

— — II: Der Theodolit. Trigonometrische u. barometr. Höhenmessung. Tachymetrie. Mit 109 Abbildungen. Nr. 469.

Versicherungsmathematik von Dr. Alfred Loewy, Professor an der Universität Freiburg i. B. Nr. 180.

Versicherungswesen, Das, von Dr. iur. Paul Moldenhauer, Professor der Versicherungswissenschaft an der Handelshochschule Köln. I: Allgemeine Versicherungslehre. Nr. 262.

— — II: Die einzelnen Versicherungszweige. Nr. 636.

Völkerkunde v. Dr. Michael Haberlandt, k. u. k. Kustos d. ethnogr. Sammlung d. naturhist. Hofmuseums u. Privatdozent a. d. Univ. Wien. Mit 56 Abbild. Nr. 73.

Völkernamen. Länder- u. Völkernamen von Dr. Rudolf Kleinpaul in Leipzig. Nr. 478.

Volksbibliotheken (Bücher- u. Lesehallen), ihre Einrichtung u. Verwaltung v. Emil Jaeschke, Stadtbibliothekar in Elberfeld. Nr. 332.

Volkslied, Das deutsche, ausgewählt und erläutert von Prof. Dr. Jul. Sahr. 2 Bändchen. Nr. 25, 132

Volkswirtschaftslehre von Dr. Carl Johs. Fuchs, Professor an der Universität Tübingen. Nr. 133.

Volkswirtschaftspolitik v. Präsident Dr. R. van der Borght, Berlin. Nr. 177.

Waffen, Die blanken, und die Schutzwaffen, ihre Entwicklung von der Zeit der Landsknechte bis zur Gegenwart m. besonderer Berücksichtigung der Waffen in Deutschland, Österreich-Ungarn und Frankreich von W. Gohlke, Feuerwerks-Major a. D. in Berlin-Steglitz. Mit 115 Abbildungen. Nr. 631.

Wahrscheinlichkeitsrechnung von Dr. Franz Hack, Professor am Eberhard-Ludwigs-Gymnasium in Stuttgart. Mit 15 Fig. im Text. Nr. 508.

Waldeck. Landeskunde des Großherzogtums Hessen, der Provinz Hessen-Nassau und des Fürstentums Waldeck von Professor Dr. Georg Greim in Darmstadt. Mit 13 Abbildungen und 1 Karte. Nr. 376.

Waltharilied, Das, im Versmaße der Urschrift übersetzt u. erläutert von Prof. Dr. H. Althof, Oberlehrer am Realgymnas. in Weimar. Nr. 46.

Walther von der Vogelweide, mit Auswahl a. Minnesang u. Spruchdichtung. Mit Anmerkgn. u. einem Wörterbuch v. Otto Güntter, Prof. a. d. Oberrealschule und an der Techn. Hochsch. in Stuttgart. Nr.23.

Walzwerke. Die, Einrichtung und Betrieb. Von Dipl.-Ing. A. Holverscheid, Oberlehrer a. d. Kgl. Maschinenbau- u. Hüttenschule in Duisburg. Mit 151 Abbild. Nr. 580.

Warenhäuser. Geschäfts- u. Warenhäuser von Hans Schliepmann, Königl. Baurat in Berlin. **I:** Vom Laden zum „Grand Magasin". Mit 23 Abbildungen. Nr. 655.

— — **II:** Die weitere Entwickelung der Kaufhäuser. Mit 39 Abbildungen. Nr. 656.

Warenkunde von Dr. Karl Hassack, Prof. u. Leiter der k. k. Handelsakademie in Graz. **I.** Teil: Unorganische Waren. M. 40 Abb. Nr. 222.

— — **II.** Teil: Organische Waren. Mit 36 Abbildungen. Nr. 223.

Warenzeichenrecht, Das. Nach dem Gesetz z. Schutz d. Warenbezeichnungen v. 12. Mai 1894. Von Reg.-Rat J. Neuberg, Mitglied des Kais. Patentamts zu Berlin. Nr. 360.

Wärme. Theoretische Physik II. T.: Licht u. Wärme. Von Dr. Gustav Jäger, Prof. a. d. Techn. Hochschule Wien. Mit 47 Abbildgn. Nr. 77.

Wärmekraftmaschinen. Die thermodynamischen Grundlagen der Wärmekraft- u. Kältemaschinen von M. Röttinger, Diplom-Ing. in Mannheim. M. 73 Fig. Nr. 2.

Wärmelehre, Technische, (Thermodynamik) v. K. Walther u. M. Röttinger, Dipl.-Ing. Mit 54 Figuren. Nr. 242.

Wäscherei. Textilindustrie III: Wäscherei, Bleicherei, Färberei und ihre Hilfsstoffe von Dr. Wilh. Massot, Prof. an der Preuß. höh. Fachschule für Textilindustrie in Krefeld. Mit 28 Figuren. Nr. 186.

Wasser, Das, und seine Verwendung in Industrie und Gewerbe v. Dr. Ernst Leher, Dipl.-Ing. in Saalfeld. Mit 15 Abbildungen. Nr. 261.

Wasser und Abwässer. Ihre Zusammensetzung, Beurteilung u. Untersuchung v. Prof. Dr. Emil Haselhoff, Vorst. d. landwirtsch. Versuchsstation in Marburg in Hessen. Nr. 473.

Wasserinstallationen. Gas- und Wasserinstallationen mit Einschluß der Abortanlagen v. Prof. Dr. phil. u. Dr.-Ing. Eduard Schmitt in Darmstadt. Mit 119 Abbild. Nr. 412.

Wasserturbinen, Die, von Dipl.-Ing. P. Holl in Berlin. **I:** Allgemeines. Die Freistrahlturbinen. Mit 113 Abbildungen. Nr. 541.

Württemberg. Landeskunde des Königreichs Württemberg von Dr. K. Hassert, Professor der Geographie an der Handelshochschule in Köln. Mit 16 Vollbildern u. 1 Karte. Nr. 157.

Zeichenschule von Prof. K. Kimmich in Ulm. Mit 18 Tafeln in Ton-, Farben- und Golddruck und 200 Voll- und Textbildern. Nr. 39.

Zeichnen, Geometrisches, von H. Becker, Architekt und Lehrer an der Baugewerkschule in Magdeburg, neu bearbeitet von Prof. J. Vonderlinn, Direktor der königl. Baugewerkschule zu Münster. Mit 290 Fig. u. 23 Taf. im Text. Nr. 58.

Zeitungswesen, Das deutsche, von Dr. R. Brunhuber, Köln a. Rh. Nr. 400.

Zeitungswesen, Das moderne, (Syst. d. Zeitungslehre) von Dr. Robert Brunhuber in Köln a. Rh. Nr. 320.

Zeitungswesen, Allgemeine Geschichte des, von Dr. Ludwig Salomon in Jena. Nr. 351.

Zellenlehre und Anatomie der Pflanzen von Prof. Dr. H. Miehe in Leipzig. Mit 79 Abbild. Nr. 556.

Zentral-Perspektive von Architekt Hans Freyberger, neu bearbeitet von Professor J. Vonderlinn, Direktor der Königl. Baugewerkschule in Münster i. Westf. Mit 132 Fig. Nr. 57.

Zimmerarbeiten von Carl Opitz, Oberlehrer an der Kais. Techn. Schule in Straßburg i. E. **I:** Allgemeines, Balkenlagen, Zwischendecken und Deckenbildungen, hölz. Fußböden, Fachwerkswände, Hänge- und Sprengwerke. Mit 169 Abbildungen. Nr. 489.

— — **II:** Dächer, Wandbekleidungen, Simsschalungen, Block-, Bohlen- und Bretterwände, Zäune, Türen, Tore, Tribünen und Baugerüste. Mit 167 Abbildungen. Nr. 490.

Zivilprozeßrecht, Deutsches, von Prof. Dr. Wilhelm Kisch in Straßburg i. E. 3 Bände. Nr. 428—430.

Zoologie, Geschichte der, von Prof. Dr. Rud. Burckhardt. Nr. 357.

Zündwaren von Direktor Dr. Alfons Bujard, Vorstand des Städtischen Chem. Laboratoriums Stuttgart. Nr. 109.

Zwangsversteigerung, Die, und die Zwangsverwaltung von Dr. F. Kretzschmar, Oberlandesgerichtsrat in Dresden. Nr. 523.

Zwirnerei. Textilindustrie I: Spinnerei und Zwirnerei von Prof. Max Gürtler, Geh. Regierungsrat im Königlichen Landesgewerbeamt zu Berlin. Mit 39 Figuren. Nr. 184.

Weitere Bände sind in Vorbereitung.

In unserm Verlag erschien soeben:

Geschichte der Aufteilung und Kolonisation Afrikas seit dem Zeitalter der Entdeckungen

Erster Band: 1415—1870

Von Dr. Paul Darmstädter
Professor an der Universität Göttingen

Broschiert M. 7.50, gebunden M. 9.50

Das Buch beabsichtigt, in kurzen Zügen, durchweg an der Hand der Quellen, einen Überblick über die Geschichte der Aufteilung und Kolonisation Afrikas, vom Zeitalter der Entdeckungen bis in unsere Tage zu geben. Wie der Titel andeutet, ist die Aufgabe eine doppelte: es soll die Aufteilung des Erdteils geschildert werden, ein Vorgang, der sich zum großen Teil in Europa abgespielt hat und ein wichtiges Kapitel der Weltgeschichte der neueren Zeit bildet; es soll dabei gezeigt werden, wie die Wertschätzung Afrikas in der Meinung der europäischen Völker jeweils eine verschiedene gewesen ist, natürlich unter dem Einfluß der herrschenden kolonialpolitischen Anschauungen, und wie dadurch der mehr oder minder rasche Gang der Aufteilung bestimmt wurde. Dann aber soll auch die Kolonisation, die Verwaltung und Ausnutzung der von den europäischen Nationen in Besitz genommenen Gebiete dargestellt und gezeigt werden, welche Bedeutung die afrikanischen Kolonien für die europäischen Völker gewonnen haben.

Der vorliegende erste Band behandelt die Epoche der portugiesischen Vorherrschaft (15. und 16. Jahrhundert), die Geschichte Afrikas in der Zeit des Sklavenhandels (17. und 18. Jahrhundert), und ausführlicher den Zeitraum vom Ende des 18. Jahrhunderts bis 1870, in dem namentlich die Darstellung der ägyptischen Expedition Napoleons sowie die Geschichte Algeriens und Südafrikas Interesse erwecken werden. In einem zweiten Bande soll die Geschichte der Aufteilung und Kolonisation Afrikas bis in die unmittelbare Gegenwart fortgeführt werden. Ein beträchtlicher und nicht unwichtiger Teil der Geschichte der neuesten Zeit — es sei nur an Tunis und Ägypten, Tripolis und Marokko, die Gründung des Kongostaats und der deutschen Kolonien, den Burenkrieg und die Einigung Südafrikas erinnert — wird in dem Buche zur Darstellung gelangen, das ebenso dem Kolonialpolitiker wie dem Historiker zu dienen bestimmt ist.

Roßberg'sche Buchdruckerei, Leipzig

MIX

Papier | Fördert gute Waldnutzung

FSC® C083411

Kolibri 360 GmbH
Ferdinand-Jühlke-Straße 7
99095 Erfurt, Deutschland
produktsicherheit@kolibri360.de